Kochen für Diabetiker

FALKEN SACHBUCH

Wine
Vinegar

Dr. med. M. Toeller · W. Schumacher · A. Ch. Groote

Kochen für Diabetiker

Gesund und schmackhaft für die ganze Familie

FALKEN VERLAG

Titelbild: Pichelsteiner Eintopf (vorn; Rezept S. 69),
Obstsalat (hinten, Rezept S. 185).

Im Falken-Verlag sind zahlreiche Titel zum Thema
„Gesundkochen“ erschienen, darunter
„Neue Rezepte für Diabetiker-Diät“ (Nr. 0418)
„Die Brot-Diät“ (Nr. 0452)
„Gesunde Ernährung für mein Kind“ (Nr. 0776)

CIP-Kurztitelaufnahme der Deutschen Bibliothek

Toeller, Monika:
Kochen für Diabetiker: gesund und schmackhaft für die
ganze Familie / M. Toeller; W. Schumacher; A. Ch. Groote.
— Niedernhausen/Ts.:
Falken-Verlag, 1983.
(Falken-Sachbuch)
ISBN 3-8068-4132-2

NE: Schumacher, Waltraud; Groote, Anne Ch.

ISBN 3 8068 4132 2

Gestaltung und Illustrationen: P. und L. Walbohm, Eppstein/Ts.
Titelbild und Fotos: Fotostudio E. Gerlach, Frankfurt am Main

Satz: Dinges + Frick, Wiesbaden
Druck: Karl Neef, Wittingen

817 2635

Inhalt

Zum Geleit

Lebenslang Diät — das klingt wie eine Verurteilung. Daß es keine Verurteilung ist, beweist Ihnen dieses ausgezeichnete Buch mit Vorschlägen für köstliche Gerichte. Dazu, daß Sie sich dieses Buch beschafft haben, kann ich Ihnen, lieber Leser, nur gratulieren.

Unter Diätkost stellen sich viele Leute nur Schleimsuppen, salzloses Essen und ähnliches vor. Diät für Diabetiker ist anders. So spricht Professor Gries in seinem Vorwort ja auch lieber von einer richtigen Ernährung. Die benötigt jeder Mensch und auch der Diabetiker.

In diesem Kochbuch finden Sie eine Diät, die alles andere als farblos und geschmacklos ist. Schon beim Lesen einiger Rezepte lief mir, wie man so schön sagt, das Wasser im Mund zusammen.

Die richtige Auswahl und die Begrenzung bzw. die Berechnung der Nahrung ist für den Diabetiker von ausschlaggebender Bedeutung. Dieses Buch will Ihnen helfen, die Ihnen vom Arzt verordnete Diabetesdiät einzuhalten und dabei doch Genießer herrlicher Speisen sein zu dürfen.

Der Deutsche Diabetiker-Bund ist überaus dankbar für jede Hilfe, die den Diabetikern geboten wird, ihr Schicksal „Diabetes" zu meistern. Ich bedanke mich daher an dieser Stelle ganz herzlich für dieses Buch bei den Autorinnen aus dem Diabetes-Forschungsinstitut an der Universität Düsseldorf, die ich auch schon aus anderer guter Zusammenarbeit mit dem Deutschen Diabetiker-Bund kenne.

Vielleicht fällt es Ihnen, liebe Leserinnen und Leser, bei Anwendung dieser köstlichen Rezepte leichter, Ihre Diabetesdiät exakt einzuhalten — und dies zu Ihrem eigenen Wohlergehen.

Karlheinz Achenbach
Präsident des Deutschen Diabetiker-Bundes e.V.
Bundesgeschäftsstelle
Bahnhofstr. 74/76
4650 Gelsenkirchen

Vorwort

Für den Diabetiker ist die richtige Ernährung eine entscheidende Voraussetzung dafür, daß er seine Krankheit beherrschen kann und auf diese Weise die gefürchteten Spätfolgen der Zuckerkrankheit vermieden werden. Diät ist die Grundlage der Diabetesbehandlung.

Mit dem Wort Diät verbinden sich aber bei vielen Menschen Vorstellungen von Verboten und Entbehrungen, die die Freude am Essen verderben. Die Diät wird dann nicht selten zur lästigen Pflicht, die man gerne einmal vergißt. Bei Diabetikern, die die Folgen von Ernährungsfehlern kennen, stellt sich dann ein schlechtes Gewissen ein. Der unwissende Diabetiker bereitet sich ein Schicksal, das er sehr gut hätte vermeiden können.

Obwohl die Ernährung des Diabetikers zweifellos geregelt sein muß und auch nicht alles enthalten darf, was das reiche Lebensmittelangebot bereithält, kann sie doch sehr schmackhaft sein und sogar den Ansprüchen verwöhnter Gaumen genügen.

Im Diabetesinstitut in Düsseldorf haben wir uns seit langem bemüht, Rezepte zu entwickeln, die schmackhaft sind und dabei allen Anforderungen an eine Diabetesdiät gerecht werden. Nach diesen Rezepten wird seit Jahren gekocht, und es hat sich herausgestellt, daß sie sehr attraktiv sind. Inzwischen haben sich nicht nur die Patienten selbst, sondern viele Eltern, Ehegatten, Geschwister, Kinder, Freunde und Bekannte davon überzeugt, daß auch sie diese Kost mit Freude essen können. Sie ist tatsächlich nicht nur für Diabetiker gedacht, sondern für jedermann geeignet. Die ständige Nachfrage nach den Rezepten hat uns schließlich veranlaßt, sie zu einem Kochbuch zusammenzufassen.

Meinen Mitarbeitern, den Ärzten, Diätassistentinnen und ernährungsmedizinischen Beraterinnen, die in langjähriger Erfahrung, durch Eingehen auf die Bedürfnisse der Patienten und Erprobung der Rezepturen dieses Buch ermöglicht haben, bin ich zu großem Dank verpflichtet, vor allem Frau Dr. Monika Toeller, der für die Diätetik verantwortlichen Ärztin und den ernährungsmedizinischen Beraterinnen Frau Waltraud Schumacher und Frau Anne Christiane Groote, die dieses Buch zusammengestellt haben.
Besonderen Dank schulden wir aber auch der Bayer AG Leverkusen, die die Bedeutung einer ansprechenden und praxisnahen Diabetesdiät für die erfolgreiche Behandlung des Diabetes erkannt und das Projekt freundlicherweise gefördert hat.
Dank gilt schließlich auch dem Verlag, der sich in vorbildlicher Weise für die ausgezeichnete Ausstattung des Buches eingesetzt hat.
Ich möchte wünschen, daß dieses Kochbuch vielen Diabetikern, ihren Familien und Freunden helfen wird, die Diabetesdiät als eine ansprechende Ernährungsform in ihr tägliches Leben aufzunehmen, zum besonderen Nutzen für den Diabetiker selbst, für den sie eine Notwendigkeit ist, aber auch zum Nutzen aller.

Prof. Dr. med. F. Arnold Gries
Lehrstuhl für innere Medizin (Diabetologie)
an der Universität Düsseldorf
Direktor der Klinischen Abteilung
des Diabetes-Forschungsinstituts
an der Universität Düsseldorf
Auf'm Hennekamp 65
4000 Düsseldorf 1

Diätetische Einleitung

Falsche Ernährung als Krankheitsursache

Fehlernährung ist eine der häufigsten Krankheitsursachen. Ernährungsabhängige Gesundheitsstörungen sind z.B. Übergewicht, Diabetes, Gicht, Bluthochdruck, Fettstoffwechselstörungen, Gallensteine, Leberzirrhose, Karies und Verstopfung. Den Statistiken zufolge ist in der Bundesrepublik Deutschland das Übergewicht am häufigsten:
30-50% der Bevölkerung wiegen zuviel.
Der Diabetes tritt bei 3-5% der Bevölkerung auf.
Fettstoffwechselstörungen treten bei 10-20% und Verstopfung durch ballaststoffarme Kost bei etwa 30% der Bevölkerung auf.
Letztlich ist jeder Mensch in Gefahr, sich die genannten Erkrankungen zuzuziehen, wenn er Fehler in seiner Ernährung macht.
Diese Gesundheitsstörungen können jedoch durch eine richtige Ernährung verhindert oder aber — wenn sie bereits aufgetreten sind — zumindest gebessert werden.

Ernährungseinfluß und Gesundheitsstörung

Ernährungseinfluß	Gesundheitsstörung
Überernährung →	Übergewicht
Überernährung →	Diabetes
Überernährung →	Gicht
Überernährung und Kochsalz →	Bluthochdruck
Fett und Cholesterin →	Fettstoffwechselstörungen
Überernährung und Cholesterin →	Gallensteine
Alkohol →	Leberzirrhose
Zucker →	Karies
Ballaststoffarme Kost →	Verstopfung

Gesunde Ernährung ist schmackhaft

Häufig trifft man auf die Meinung,
daß eine gesunde Ernährung nicht schmackhaft sei
und damit der Genuß des guten Essens verlorenginge.
Dieses Buch soll Ihnen zeigen,
daß diese Ansicht nicht richtig ist.
Eine gesunde Ernährung,
die hilft, Krankheiten vorzubeugen
oder vielleicht sogar Krankheiten zu heilen,
kann durchaus lecker,
abwechslungsreich und genußvoll sein.

Vorschläge für Frühstücke (s. auch S. 47).

Ein Mittagessen: Sauerbraten „rheinisch" (Rezept S. 88).

Vorschläge für Abendessen (s. auch S. 54).

Rezepte für Diabetiker und alle, die sich gesund ernähren wollen

Alle Rezepte dieses Buches sind speziell für Diabetiker ausgewählt, und zwar sowohl für diejenigen, die Insulin spritzen als auch für solche, die mit blutzuckersenkenden Tabletten oder mit Diät allein behandelt werden. Sie berücksichtigen alles was für die Ernährung des Diabetikers wichtig ist. Darüber hinaus sind sie aber auch für alle geeignet, die sich gesund ernähren wollen. Es sind Rezepte für die Familienkost.

Die richtige Kalorienmenge

Jeder Mensch, und natürlich besonders der Diabetiker, sollte darauf achten, daß er gerade so viel ißt, daß er sein normales Gewicht behält oder aber erreicht. Bei jedem Rezept in diesem Kochbuch finden Sie Angaben über die Energie, d.h. die Kalorienmenge einer verzehrten Portion (siehe auch kalorienarme Rezepte). Die Energiemenge, die der Mensch pro Tag benötigt, hängt von seiner Größe, seinem Gewicht und der körperlichen Bewegung ab. Einen Überblick über das normale Körpergewicht gibt die folgende Tabelle.

Kochen im Diabetes-Institut

Nach diesen Rezepten wird seit Jahren im Diabetes-Institut in Düsseldorf gekocht. Diabetiker, die in der Klinik des Diabetes-Instituts behandelt wurden, waren erstaunt, wie ansprechend eine Diabetesdiät sein kann. Daß die Kost tatsächlich schmackhaft ist für jedermann, davon haben sich inzwischen viele Eltern, Ehegatten, Geschwister, Kinder, Freunde und Bekannte von Diabetikern überzeugt.
Da wir immer wieder nach den entsprechenden Rezepten gefragt wurden, haben wir uns entschlossen, sie zu einem Kochbuch zusammenzufassen. Es ist ein Kochbuch für den Diabetiker und seine Familie, letztlich also für alle, die sich gesund ernähren wollen. Denn wer wie ein Diabetiker ißt, vermeidet zu viele Kalorien und zuviel Zucker und ungeeignetes Fett. Er ißt ausreichend Eiweiß, Vitamine, Mineralstoffe, Spurenelemente und Ballaststoffe. Er vermeidet wenige große Mahlzeiten und ißt dafür lieber öfter, was ebenfalls gesünder ist.

Alle Rezepte enthalten genaue Angaben über den Energiegehalt (Kalorien) und den Eiweiß-, Fett- und Kohlenhydratanteil. So kann man entsprechend seinem Bedarf passende Gerichte aussuchen. Die Rezepte, die besonders kalorienarm oder besonders ballaststoffreich sind, und die, die besonders wenig Cholesterin enthalten, sind speziell gekennzeichnet. Wer also Kummer mit dem Körpergewicht hat, unter Verstopfung leidet oder weiß, daß er zu hohe Cholesterinwerte im Blut hat, findet anhand dieser Zeichen für sich die besonders geeigneten Rezepte.

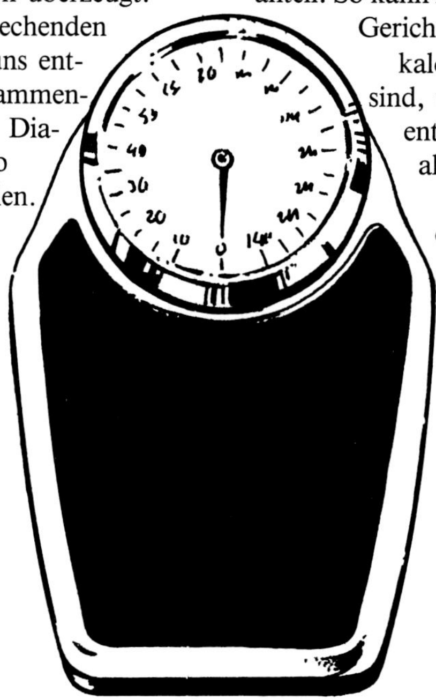

Normalgewicht

für Männer		für Frauen	
Größe (Zentimeter)	Gewicht (Kilogramm)	Größe (Zentimeter)	Gewicht (Kilogramm)
160	60	150	45
161	61	151	46
162	62	152	47
163	63	153	48
164	64	154	49
165	65	155	50
166	66	156	50
167	67	157	51
168	68	158	52
169	69	159	53
170	70	160	54
171	71	161	55
172	72	162	56
173	73	163	57
174	74	164	58
175	75	165	59
176	76	166	59
177	77	167	60
178	78	168	61
179	79	169	62
180	80	170	63
181	81	171	64
182	82	172	65
183	83	173	66
184	84	174	67
185	85	175	68

Die Nährstoffe

Die Empfehlungen
für eine tägliche Energie-, Eiweiß-, Fett- und Kohlenhydratmenge in der Tabelle
können nur als Beispiel dienen.
Im Einzelfall können durchaus andere Energie- und dann auch Nährstoffmengen
notwendig sein. In der Diabetesdiät soll der Eiweißanteil in der Regel
15-20 %, der Fettanteil 35 % und der Kohlenhydratanteil 45-50 % der
Gesamtenergiezufuhr betragen. Für alle, die keinen Diabetes haben,
kann die tägliche Eiweißaufnahme etwas niedriger und der Kohlenhydratanteil
etwas höher liegen. Die Rezepte des Kochbuchs sind so ausgewählt,
daß man mit den Gerichten
eine ausgewogene Ernährung mit Eiweiß, Fett und Kohlenhydraten erreichen kann.

Nährstoffe liefern Energie

Die tägliche Nahrungsenergie,
die durch die Nährstoffe, Eiweiß, Fett und Kohlenhydrate geliefert wird,
mißt man in Kalorien oder Joule. Da die Bezeichnung Kalorien den meisten Menschen
geläufiger ist, sind diese für jedes Rezept angegeben.
Im Sinne der eigenen Gesundheit sollte die tägliche Energiezufuhr so sein,
daß man zeitlebens ein normales Körpergewicht behält.

Die Umrechnung von Kalorien in Joule ist leicht:
Die Joulemenge ist immer das 4fache der Kalorienmenge
(genau: Kilokalorien x 4,186 ergibt die Nahrungsmenge in Kilojoule).

Tägliche Energie-, Eiweiß-, Fett- und Kohlenhydratmenge für normalgewichtige Erwachsene mittleren Alters mit leichter Tätigkeit

Körpergewicht (Kilogramm)	Energie (Kalorien)	Eiweiß (Gramm)	Fett (Gramm)	Kohlenhydrate (Gramm)
50	1 600	60— 80	60	175—195
60	1 900	70— 95	70	210—230
70	2 250	80—110	85	245—275
80	2 600	90—125	100	285—315

Eiweiß, ein lebenswichtiger Bestandteil unserer Ernährung

Eiweiß muß täglich in ausreichender Menge gegessen werden.
Eine ausreichende Menge ist etwa 1 g Eiweiß pro Kilogramm Körpergewicht.
Der Diabetiker sollte eher etwas mehr Eiweiß zu sich nehmen.
Es sollte möglichst in jeder Mahlzeit enthalten sein.
Der Blutzuckerspiegel wird durch den Eiweißgehalt der Nahrung nicht beeinflußt.
Eiweiß ist in pflanzlicher und tierischer Nahrung enthalten.
Beides ist wichtig.
Manchmal sind eiweißhaltige Nahrungsmittel gleichzeitig sehr fettreich.
Bei Übergewicht ist dies zu bedenken.

Fett hat die meisten Kalorien

Von den Nährstoffen enthält Fett die meisten Kalorien.
Deshalb sollte man mit Fett sparsam umgehen und bedenken,
daß viele Nahrungsmittel verstecktes Fett enthalten.
Dennoch ist es für den Diabetiker günstig,
daß in jeder Mahlzeit eine kleine Menge Fett enthalten ist.
Fett verzögert die Aufnahme der Kohlenhydrate ins Blut.
Der Blutzucker kann nicht so rasch ansteigen.
Der Fettgehalt der Nahrung spielt auch für das Sättigungsgefühl eine Rolle.
Fett ist in tierischer und pflanzlicher Nahrung enthalten.
Pflanzliches Fett enthält mehr ungesättigte Fettsäuren als tierisches Fett
und kein Cholesterin.
Wenn der Arzt einen erhöhten Cholesteringehalt im Blut festgestellt hat,
sollte man cholesterinreiche Nahrungsmittel meiden
(siehe auch cholesterinarme Rezepte).

Liste cholesterinreicher Nahrungsmittel

Eigelb (Ei, Eierteigwaren, Mayonnaise)

Innereien (Bries, Herz, Hirn, Leber, Niere, Zunge)

Milchfett (Sahne, Butter, fette Milcherzeugnisse)

Meerestiere (Krabben, Muscheln)

Fleisch (alle Sorten) in größeren Mengen

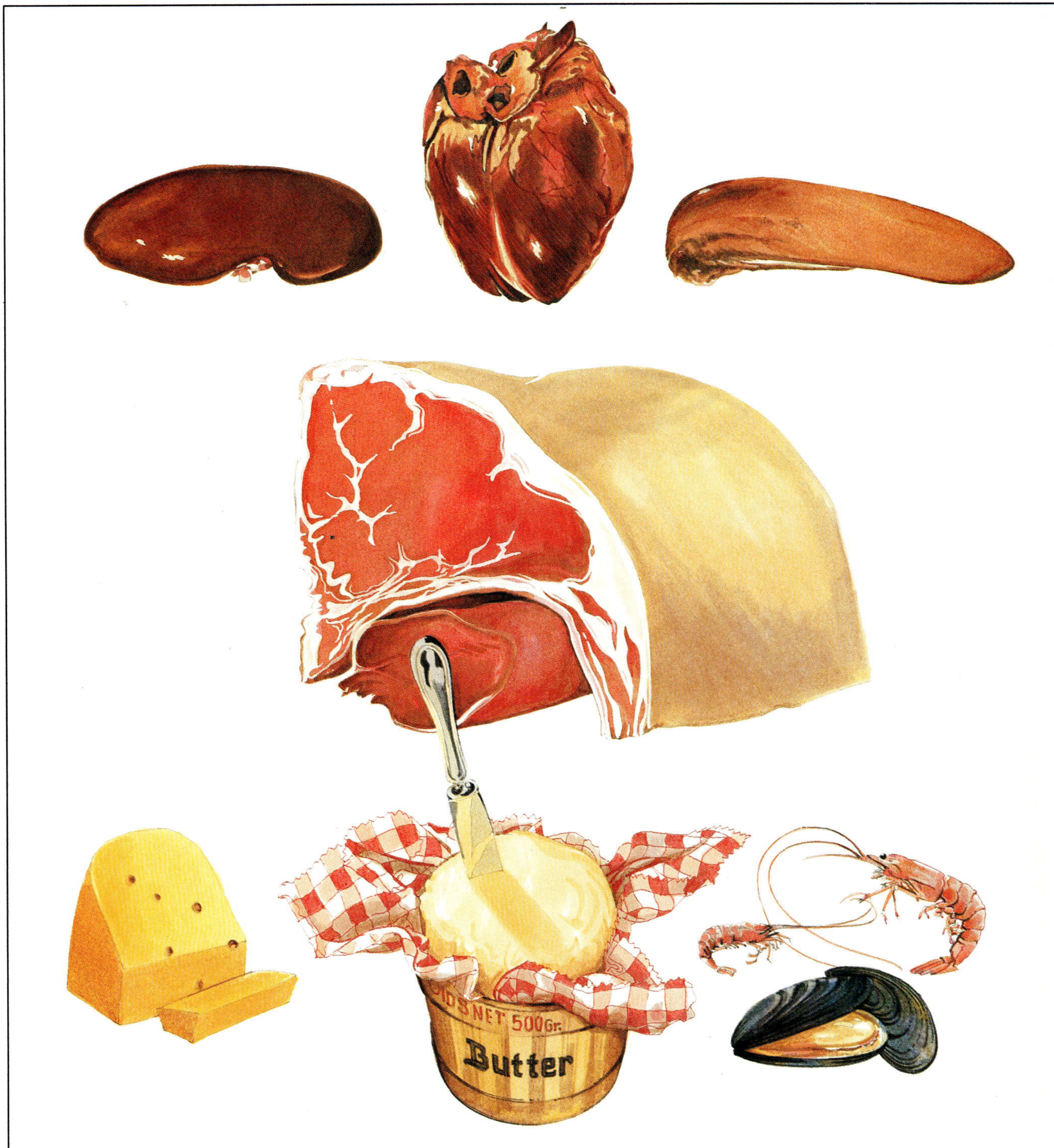
NET 500Gr.
Butter

Lebensmittelübersicht

	Besonders beachten bei:		
	 kalorienarmer Ernährung	 ballaststoffreicher Ernährung	 cholesterinarmer Ernährung
Fleisch Alle Sorten Fleisch und Fleischwaren sind geeignet. Magere Sorten bevorzugen.	Fleisch von sichtbarem Fett befreien. Fette Wurst meiden.		Fleisch von sichtbarem Fett befreien. Fleischportion auf 100 g begrenzen. Fette Wurst meiden.
Fisch Fast alle Sorten Fisch und Fischwaren sind geeignet; Vorsicht ist geboten bei Fischmarinaden und -konserven, sie enthalten oft Zucker und sind dann ungeeignet.	Fette Fische und die meisten Fischkonserven sind sehr kalorienreich.		Fette Fischsorten, Schalen- und Krustentiere meiden.
Eier Eier sind in begrenzter Menge (2—3 pro Woche) geeignet.	Das Eigelb ist sehr kalorienreich.		Eigelb meiden.
Milch Milch und Milchprodukte wie z.B. Kefir, Sauermilch, Joghurt und alle Sorten Käse sind geeignet. Magere Produkte bevorzugen. Milch und Milchprodukte, außer Käse und Quark, müssen in die KH-(BE-)Berechnung mit einbezogen werden.	Milch und Milchprodukte mit einem Fettgehalt von 1,5 % Fett und weniger bzw. Käse mit 30 % F.i.Tr. und weniger bevorzugen.		Milch und Milchprodukte mit einem Fettgehalt von 2 % und mehr, bzw. Käse mit 40 % F.i.Tr. und mehr meiden.
Fette Alle Sorten, wie z.B. Butter, Margarine, Öl, Speck, Schmalz, Plattenfette sind geeignet. Öl und Margarine bevorzugen.	Alle Fette sind kalorienreich: sehr sparsam verwenden.		Diätmargarine und -Öl verwenden.
Brot Alle Brotsorten (außer Stuten und ähnliche mit Zucker gesüßte Brotsorten) sind geeignet. KH-(BE-)Anrechnung.	Grobe Brotsorten sind sättigender.	Sorten mit hohem Vollkornanteil verwenden.	
Gebäck Alle Gebäcke, die mit Diabetikerzucker und/oder mit Süßstoff hergestellt sind, sind geeignet. KH-(BE-)Anrechnung.	Fettarmes Gebäck mit Süßstoff gesüßt bevorzugen.	Vollkorngebäck bevorzugen.	Gebäck mit vielen Eiern und hohem Fettanteil (zum Beispiel Biskuit, Sandkuchen, Torten) meiden.

Lebensmittelübersicht

	Besonders beachten bei:		
	 kalorienarmer Ernährung	 ballaststoffreicher Ernährung	 cholesterinarmer Ernährung
Kartoffeln Kartoffeln, Nudeln, Reis sind geeignet. KH-(BE-)Anrechnung.	Kartoffeln sättigen mehr als Nudeln oder Reis.	Kartoffeln und ungeschälten Reis bevorzugen.	Eierteigwaren sind cholesterinreich.
Gemüse Alle Gemüse- und Salatsorten sind geeignet. Sorten mit einem hohen Kohlenhydratgehalt werden in die KH-(BE-)Berechnung mit einbezogen. Siehe BE-Austauschtabelle S. 26	Hülsenfrüchte meiden.	Alle Sorten reichlich verwenden.	
Obst Alle Frischobstsorten und Fruchtsäfte ohne Zuckerzusatz sind geeignet. Kompott ist geeignet, wenn es ohne Süßungsmittel oder mit geeigneten Süßungsmitteln hergestellt ist. KH-(BE-)Anrechnung.	Auch Obst hat Kalorien!	Frischobst bevorzugen.	
Süßungsmittel Als Süßungsmittel geeignet sind: Süßstoff und Diabetikerzucker, KH-(BE-)Anrechnung! Siehe auch „Hinweise zu den Zutaten".	Diabetikerzucker enthält Kalorien. Süßstoff bevorzugen.		
Gewürze und Küchenkräuter Alle Küchenkräuter und Gewürze einschließlich der Würzmittel Salz und Essig sind geeignet. Vorsicht ist geboten bei Würzsaucen, die oftmals Zucker enthalten und dann ungeeignet sind.			
Getränke siehe Getränkeliste			
Fertiggerichte Vorsicht ist bei allen Fertiggerichten und Fertigsaucen geboten. Sie enthalten meist eine nicht überschaubare Menge an Nährstoffen und auch Zucker, so daß sie dann ungeeignet sind.			
Zuckerhaltige Nahrungsmittel Generell sind alle Nahrungsmittel, die mit üblichem Zucker gesüßt sind, ungeeignet.			

Fetthaltige Nahrungsmittel.

Sahne
Voll-
milch

Die wichtige Rolle der Kohlenhydrate

Die Kohlenhydrate (siehe auch Lebensmittelübersicht)
nehmen den größten Anteil der täglichen Nährstoffzufuhr ein.
Sie verlangen vom Diabetiker besondere Aufmerksamkeit.
Zucker und alle Nahrungsmittel, Speisen und Getränke, die Zucker enthalten,
sind für ihn nicht geeignet, weil sie den Blutzucker zu rasch erhöhen.
Süßstoff und Diabetikerzucker (Zuckeraustauschstoffe wie Fruchtzucker und Sorbit)
sorgen jedoch dafür, daß der Diabetiker nicht auf süße Speisen verzichten muß
(siehe auch „Hinweise zu den Zutaten, Süßungsmittel").
Außerdem gibt es viele Kohlenhydrate
(Brot, Nährmittel, kohlenhydrathaltige Gemüse, Milch und Obst),
die den Blutzucker nicht sehr rasch erhöhen
und deshalb verzehrt werden können.
Der Mangel an Insulin beim Diabetiker erlaubt es allerdings nicht,
daß diese unbegrenzt gegessen werden. Eine bestimmte Menge pro Tag ist erlaubt.
Der Arzt bespricht mit dem Diabetiker,
wieviel Kohlenhydrate für ihn die rechte Menge sind.
In seinem Diätplan ist diese Menge an Kohlenhydraten pro Mahlzeit angegeben
(entweder in Gramm Kohlenhydraten oder als BE = Broteinheiten).
Da bei jedem Rezept
in diesem Buch die genaue Menge an Kohlenhydraten ersichtlich ist,
kann sich der Diabetiker also seine geeignete Menge —
wie sie in seinem Diätplan vorgesehen ist — heraussuchen.
Wenn der Diabetiker Kohlenhydrate ißt,
muß er jedoch noch einen weiteren Punkt beachten.
Die verschiedenen Kohlenhydrate wirken unterschiedlich auf den Blutzucker.
Manche von ihnen erhöhen den Blutzucker etwas rascher als andere.
Obst und Milch bewirken eher einen Blutzuckeranstieg
als z.B. Brot, Nudeln und Reis.
Deshalb gibt es Tabellen für den Diabetiker (Kohlenhydrataustauschtabellen),
in denen die Kohlenhydrate nach ihrer unterschiedlichen Wirkung
auf den Blutzucker in Gruppen eingeteilt sind
(Obstgruppe, Milchgruppe, Nährmittelgruppe, Gemüse mit reichlich Kohlenhydraten,
Gemüse mit wenig Kohlenhydraten, Fruchtzucker und Sorbit).
Wenn im Diätplan die Art der Kohlenhydrate
bei den einzelnen Mahlzeiten festgelegt wurde, sollte der Diabetiker,
wenn er seinen Tagesplan ändern möchte, immer in der gleichen Gruppe austauschen,
d.h. Obst nur gegen andere Obstsorten, Milch gegen andere Milchprodukte,
Brot gegen andere Brotsorten oder andere Nährmittel usw.
In den Diätrezepten
kann jeder Diabetiker an den Zutaten leicht erkennen,
welche Sorte von Kohlenhydraten enthalten ist.
Er sollte sich ein Rezept aussuchen, das die Kohlenhydrate enthält,
die mit seinem Diätplan übereinstimmen.

Blutzuckerwirksamkeit (Brot, Milch, Obst, Zucker); Blutzuckerverlauf nach:

Kohlenhydrathaltige Nahrungsmittel.

Hafer-
flocken
Reis
Roggen
Mehl
Weizen
Mehl
Kartoffel
Mehl
Grieß
Kakao

Kohlenhydrathaltige Nahrungsmittel mit Kalorienangabe

Die Mengen entsprechen jeweils 12 g KH (1 BE):

Getreideerzeugnisse, Kartoffeln, Gemüse

25 g Brötchen	68 kcal
15 g Knäckebrot	57 kcal
25 g Roggenbrot	64 kcal
25 g Toastbrot	67 kcal
15 g Zwieback	60 kcal
20 g Haferflocken	81 kcal
15 g Reis, roh	55 kcal
15 g Weizenmehl T 405	55 kcal
15 g Sago/Tapioka	55 kcal
15 g Vanillepuddingpulver	52 kcal
15 g Nudeln, roh	55 kcal
25 g Hefeteig, roh	68 kcal
65 g Kartoffeln	56 kcal
100 g Erbsen	87 kcal
60 g Mais, ohne Kolben	64 kcal
20 g Linsen	71 kcal

Übliche Portionen bis etwa 200 g sind ohne KH-(BE-)Anrechnung

Artischocken
Aubergine
Bleichsellerie
Blumenkohl
grüne Bohnen
Bohnenkeimlinge
Brokkoli
Champignons
Chicorée
Eisbergsalat
Endivien
Feldsalat
Fenchel
Gewürzgurken
Grünkohl
Gurken
Karotten, Möhren
Lauch, Porree
Paprikaschote
Pfifferlinge
Radieschen
Rettich
Rhabarber
Rosenkohl
Rote Bete
Rotkohl
Sauerkraut
Spargel
Spinat
Tomaten
Weißkohl
Wirsing
Zucchini
Zwiebel

Die Mengen entsprechen jeweils 12 g KH (1 BE):

Milch

250 g Trinkmilch, Dickmilch, Kefir 1,5%F.	120 kcal
300 g Buttermilch	108 kcal
250 g Magerjoghurt	98 kcal

Obst (Fruchtfleisch), Obstsaft

100 g Äpfel	55 kcal
100 g Apfelsinen	54 kcal
100 g Aprikosen	54 kcal
50 g Bananen	50 kcal
90 g Birnen	50 kcal
90 g Blaubeeren	56 kcal
160 g Erdbeeren	59 kcal
120 g Johannisbeeren, rot	54 kcal
90 g Kirschen, sauer	54 kcal
110 g Kiwi	61 kcal
110 g Mandarinen	53 kcal
110 g Pfirsiche	51 kcal
80 g Pflaumen	50 kcal
120 g Preiselbeeren	55 kcal
110 g Orangensaft	53 kcal

Zuckeraustauschstoffe (Diabetikerzucker), Diabetiker-Konfitüre

12 g Fruchtzucker	48 kcal
12 g Sorbit	48 kcal
25 g Diabetikerkonfitüre, mit Zuckeraustauschstoffen, im Durchschnitt	50 kcal

Vollständige Ausgabe siehe:
BE-Austauschtabelle für Diabetiker, mit Kalorienangabe.
Bearbeitet von der Klinischen Abteilung des Diabetes-Forschungsinstituts an der Universität Düsseldorf,
Verlag Kirchheim + Co GmbH, Postfach 25 24, 6500 Mainz

Voll-
milch
1/4 l

Getränke — Die richtige Flüssigkeitsmenge pro Tag

Jeder Mensch ist auf eine ausreichende Flüssigkeitszufuhr angewiesen.
Die notwendige Trinkmenge
pro Tag ist für Diabetiker und Nichtdiabetiker gleich.
Sie beträgt in der Regel 1—1½ l.
Kohlenhydrathaltige Getränke
muß der Diabetiker in seine tägliche Kohlenhydratmenge einrechnen.
Besser für ihn sind kohlenhydratfreie Getränke.
Bei Übergewicht ist Vorsicht mit kalorienreichen Getränken geboten.

Was man bei alkoholischen Getränken bedenken muß

Alkohol gehört nicht zu den Nahrungsbestandteilen,
die für den Menschen unbedingt notwendig wären.
Jedoch ist sein Genuß unumstritten.
Wenn der Arzt dem Diabetiker Alkohol erlaubt hat,
sind natürlich nur alkoholische Getränke geeignet,
die keinen Zucker enthalten.
Alkohol enthält mehr Kalorien als Eiweiß und Kohlenhydrate.
Alle, die an Übergewicht leiden und hohe Fettwerte im Blut haben,
sollten vorsichtig damit sein.

Getränkeliste

Getränke	Besonders beachten	geeignet	KH-(BE-)Anrechnung	Kalorien-Anrechnung	Nur nach Befragen des Arztes
Apfelwein, Cidre	nur herbe Sorten	○		●	
Bier	übliches Bier ungeeignet				
	Diätbier	●		●	●
Bouillon	entfetten	●			
Branntwein	z.B. Cognac, Gin, Klarer, Obstwasser, Weinbrand, Whisky, Rum	●		●	●
Buttermilch	siehe auch ,,Lebensmittelübersicht"	●	●	●	
Cola, Colagetränke	übliche Cola ungeeignet				
	Diät-Cola, siehe Diät-Limonade	●	○	●	
Fruchtsaft	mit Zuckerzusatz ungeeignet				
	ohne Zuckerzusatz	●	●	●	
Fruchtsaftgetränke	übliche Fruchtsaftgetränke ungeeignet				
	mit Süßstoff und/oder Zuckeraustauschstoff	●	●	●	
	Instantsaft ungeeignet				
Gemüsesaft		●	●	●	
Kaffee		●			
Kakao	trinkfertig ungeeignet				
Likör	ungeeignet				
Limonade	übliche Limonade, Tonic Water, Bitter Lemon, u. ä. ungeeignet				
	Diät-Limonade mit Süßstoff oder Zuckeraustauschstoffen	●	○	●	
Milch	siehe auch ,,Lebensmittelübersicht"	●	●	●	
Mineralwasser		●			
Sekt	üblicher Sekt ungeeignet				
	Diabetikersekt	●		●	●
Südwein	ungeeignet				
Tee		●			
	Instant-Tee ungeeignet				
Wein	üblicher Wein ungeeignet				
	Trockener Wein (siehe auch ,,Hinweise zu den Zutaten")	●		●	●

○ Das Zeichen bedeutet
bei Apfelwein: bei entsprechender Auswahl geeignet
bei Diät-Cola und bei Diät-Limonade: bei Verwendung von Zuckeraustauschstoffen KH-(BE-)Anrechnung.
Enthält die Limonade in 1 Liter weniger als 12 g KH (1 BE), ist etwa 1/3 l ohne (BE-)Anrechnung möglich.

Mineralstoffe, Spurenelemente und Vitamine

Mineralstoffe, Spurenelemente und Vitamine sind für viele wichtige Stoffwechselabläufe im Organismus verantwortlich. Sie müssen mit der Nahrung zugeführt werden, damit keine Mangelerscheinungen auftreten. Hier gilt für den Diabetiker nichts anderes als für jeden anderen auch. Eine gut gemischte Kost, in der frisches Obst, Gemüse, Milch und Vollkornprodukte enthalten sind, garantiert, daß es nicht zu Mangelerkrankungen kommt.

Warum sind Ballaststoffe notwendig?

Ballaststoffe sind unverdauliche Füll- und Quellstoffe, die dafür sorgen, daß der Darm beweglich bleibt und es nicht zu Verstopfung kommt. Weil die Ballaststoffe die Aufnahme der Kohlenhydrate verzögern, haben sie für den Diabetiker außerdem die günstige Wirkung, daß der Blutzucker nicht zu schnell ansteigen kann (siehe auch ballaststoffreiche Rezepte). Auch für das Sättigungsgefühl haben die Ballaststoffe eine große Bedeutung.

Wie oft am Tag soll man essen?

Mehrere kleinere Mahlzeiten sind günstiger als wenige große.
Für den Diabetiker spielt die
Verteilung der Kohlenhydrate in kleinen Portionen über den
Tag eine wichtige Rolle. Wie die Kohlenhydrate
am besten verteilt werden, hängt davon ab,
welches Insulin der Diabetiker spritzt und wann er spritzt,
welche blutzuckersenkenden Tabletten er einnimmt, wie sein
Tagesablauf aussieht und wann er körperliche Arbeit leistet.
Trotz Insulinmangel soll beim Diabetiker erreicht werden,
daß der Blutzuckerspiegel möglichst gleichmäßig
zwischen 60 und 160 mg/100 ml Blut gehalten wird.
Dies ist nur möglich,
wenn die Nahrung für jeden Diabetiker individuell angepaßt wird.
Dafür erhält er beim Arzt seinen Diätplan.

Vorschläge für Frühstück, Mittagessen, Vesper, Abendessen und Spätmahlzeit.

Diätetische Lebensmittel — Spezialprodukte für Diabetiker

Die meisten Spezialprodukte für Diabetiker enthalten Süßstoff oder Diabetikerzucker (Zuckeraustauschstoffe wie Fruchtzucker oder Sorbit). Manche dieser Produkte sind nützlich, andere sind überflüssig. Wichtig ist, daß der Diabetiker den Aufdruck auf der Verpackung genau durchliest, damit er sieht, was enthalten ist und ob und wieviel er davon essen kann.

Diätetische Lebensmittel: Süßstoffe und Zuckeraustauschstoffe für Diabetiker.

Diabetesdiät, eine gesunde Kost für alle

Die Ernährung, die für den Diabetiker gesund ist und ihm hilft,
daß seine Stoffwechselstörung ausgeglichen wird,
ist auch gesund für jedermann.
Ein Diabetiker sollte in der Familie,
bei Freunden und Bekannten am Eßtisch kein Außenseiter sein.
Warum sollten nicht alle beim gemeinsamen Essen
wie ein Diabetiker essen — gesund essen?
Wir wünschen guten Appetit!

Dr. med. Monika Toeller
Ärztin für innere Medizin
Verantwortlich für das Schulungszentrum
für Diabetiker
im Diabetes-Forschungsinstitut
an der Universität Düsseldorf
Auf'm Hennekamp 65

4000 Düsseldorf 1

Aufbau der Rezepte

Alle Rezepte sind nach einem Schema aufgebaut:

1.
Hinweise auf besondere Eignung und Angaben über die Zubereitungszeit

Da es für den Diabetiker wichtig ist, ob seine Gerichte besonders kalorienarm, ballaststoffreich und cholesterinarm sind, wird auf diese Voraussetzungen mit Bildsymbolen (sogenannten Piktogrammen) hingewiesen. Auch die Zubereitungszeit wird in einem Piktogramm angegeben.

Diese Rezepte sind besonders kalorienarm und bei einer kalorienarmen Ernährung zur Gewichtsabnahme besonders zu empfehlen.

Diese Rezepte sind besonders ballaststoffreich. (Siehe auch in der Einleitung unter ,,Ballaststoffe''.)

Diese Rezepte sind besonders cholesterinarm und sollten von Patienten mit erhöhtem Cholesteringehalt im Blut bevorzugt werden.

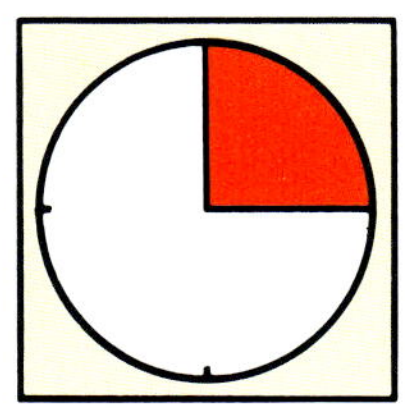

Die angegebene Zeit — gerundet auf Viertelstunden — wird durchschnittlich für die Vor- und Zubereitung benötigt.

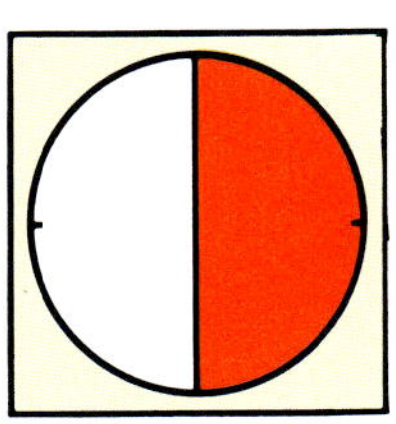

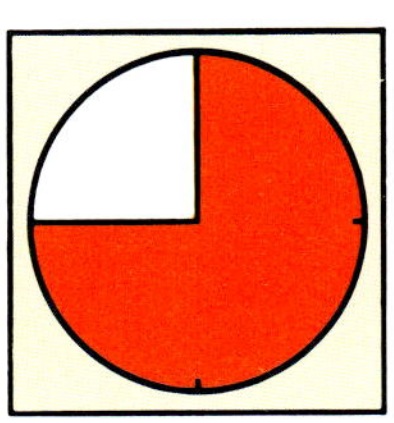

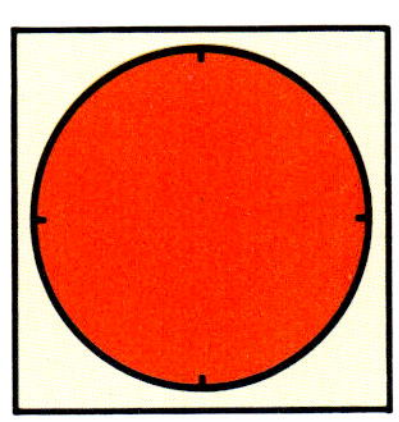

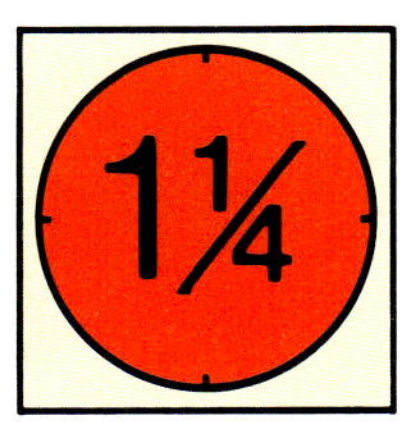

Bei der Zubereitung von 3 Portionen muß mehr Zeit berechnet werden.

Abkürzungsverzeichnis

BE	Broteinheit
Bl.	Blatt
E.	Eiweiß
EL	Eßlöffel
F.	Fett
F.i.Tr.	Fett in der Trockenmasse
g	Gramm
getr.	getrocknet
gr.	groß
kcal	Kalorien (exakt: Kilokalorien)
KH	Kohlenhydrate
kl.	klein
ML	Meßlöffel
Msp.	Messerspitze
Pers.	Person/Personen
St.	Stück
TL	Teelöffel

2.
Die Zutaten

Die Menge der Zutaten ist
(mit Ausnahme des Gebäcks —
Kleingebäck und Kuchen sowie der Gewürze und Kräuter)
für 1 und 3 Personen angegeben.
Mengenangaben für Kräuter und Gewürze:
Siehe „Hinweise zu den Zutaten“.

3.
Die Beschreibung der Zubereitung

Die Beschreibung der Zubereitung und die angegebene Zeit
gilt grundsätzlich für 1 Portion.
Werden 3 Portionen hergestellt, so müssen die Mengen
verdreifacht werden, und die Zeit gegebenfalls verlängert werden.

4.
Angaben über den Nährstoff- und Energiegehalt

Diese Angaben sind gerundete Werte
und gelten für 1 Person. Die Werte
wurden überwiegend folgendem Tabellenwerk entnommen:
Souci/Fachmann/Kraut:
„Die Zusammensetzung der Lebensmittel,
Nährwert-Tabellen 1981/82“,
Wissenschaftliche Verlagsgesellschaft mbH, Stuttgart

Die BE-Angaben in den Rezepten bedeuten:
Die Nahrungsmenge, die 12 g anzurechnende Kohlenhydrate enthält,
entspricht 1 BE.
Die Berechnung der BE
richtet sich nach folgender Tabelle (siehe auch Seite 26):
BE-Austauschtabelle für Diabetiker,
mit Kalorienangabe. Bearbeitet von der Klinischen Abteilung
des Diabetes-Forschungsinstituts, Düsseldorf,
Verlag Kirchheim und Co. GmbH, Mainz

Hinweise zu den Zutaten

Eindickungspulver

Eindickungspulver wird anstelle von Mehl, Stärkemehl oder ähnlichen stärkehaltigen Bindemitteln zum Andicken von Suppen oder Saucen verwendet; es ist geschmacksneutral (siehe auch „Küchentips"). Eindickungspulver ist ohne Kohlenhydrat-(BE-)Anrechnung. Es enthält vorwiegend das Quellmittel Johannisbrotkernmehl. Für den Haushaltsgebrauch ist Eindickungspulver unter der Bezeichnung „Nestargel®" in der Apotheke und unter der Bezeichnung „Tartex® Biobin" im Reformhaus erhältlich.

Brühwürfel/Suppenwürfel

Anstelle von entfetteter Fleischbrühe (siehe auch „Küchentips") können Suppenwürfel oder Instant-Bouillon als Grundlage für die verschiedenen pikanten Suppen und Saucen verwendet werden.

Fisch

Zu den Rezepten können Sie sowohl frischen als auch tiefgefrorenen Fisch, der kurz angetaut werden sollte, verwenden. Fisch hat eine kurze Garzeit, so daß die meisten Fischgerichte schnell zubereitet sind.

Dunstobst (siehe „Obst")

Gelatine

Gelatine ist ein eiweißhaltiges Geliermittel für kalte Speisen. Sie ist erhältlich als Blattgelatine und als gemahlene Gelatine, in rot und weiß.
In den Rezepten wird, wenn nicht anders angegeben, weiße Blattgelatine verwendet (siehe auch „Küchentips").

Gemüse

Die Gewichtsangaben in den Rezepten beziehen sich auf gewaschenes, geputztes Frischgemüse bzw. auf den abgetropften Dosen-(Glas-)inhalt; die gleiche Gewichtsangabe gilt auch für Tiefkühlgemüse. Natürlich kann das im Rezept angegebene Frischgemüse gegen konserviertes Gemüse ausgetauscht werden oder umgekehrt; allerdings verändert sich dann die Garzeit.

Gewürze

Von den verschiedenen im Rezept aufgezählten Gewürzen nimmt man jeweils zunächst nur eine Prise, da Gewürze und getrocknete Küchenkräuter ihr Aroma häufig erst später entfalten. Eventuell kann nach Bedarf später nachgewürzt werden.

Küchenkräuter

Frische oder tiefgefrorene Kräuter sind besonders aromatisch. Sie sollten erst kurz vor der Verwendung geschnitten oder gehackt werden.

Getrocknete Kräuter sollten vor der Zugabe in die Speisen zerrieben werden. Die erforderliche Menge ist geringer im Vergleich zu frischen Kräutern.

Muttersaft

Muttersaft ist ein reiner Fruchtpreßsaft ohne Zusatz von Zucker und Wasser. Da er sehr konzentriert ist, eignet er sich als Geschmackszutat und ist in diesen Mengen ohne KH-(BE-)Anrechnung. Auch fertig zu kaufen.

Obst

Die Gewichtsangaben in den Rezepten beziehen sich, wenn nicht anders angegeben, auf das Fruchtfleisch, d.h. Obst ohne Schale, Kerngehäuse oder Steine.

Dunstobst ist als Kompott ohne Süßungsmittel zubereitet, es kann, wenn auf der Verpackung nicht anders angegeben, mengenmäßig wie Frischobst verwendet werden.

Dunstobstsaft ist Saft vom Dunstobst.

Süßungsmittel

Als Süßungsmittel eignen sich Diabetikerzucker (Zuckeraustauschstoffe) und Süßstoffe.

Der **Diabetikerzucker** (Fruchtzucker und Sorbit) wird in die Kohlenhydratberechnung (BE-Berechnung) mit einbezogen und liefert Kalorien.

12 g Diabetikerzucker entspricht 1 BE und rund 50 Kalorien.

Die **Süßstoffe** Cyclamat und Saccharin enthalten keine Kohlenhydrate (keine BE) und liefern keine Kalorien. Sie können ohne Anrechnung in der Diät verwendet werden. Im Handel gibt es flüssigen Süßstoff, Süßstofftabletten und Süßstoffpulver. In den Rezepten wird aus praktischen Gründen der flüssige Süßstoff bevorzugt.

Die Süßkraft von 1 Teelöffel (5 g) handelsüblichem flüssigem Süßstoff (Verhältnis von Saccharin zu Cyclamat 1:10) entspricht etwa 60 g Haushaltszucker.

Die Süßkraft von 1 Tablette Süßstoff (Verhältnis von Saccharin zu Cyclamat 1:10) entspricht etwa 4 g Haushaltszucker.

Die Verwendung von Süßstoff und Diabetikerzucker kann nicht wechselweise vorgenommen werden. So ist bei Rührteigen und Biskuitmasse Diabetikerzucker wichtig für das Gelingen, während z.B. Hefeteig mit flüssigem Süßstoff gesüßt werden kann.

Vollei

Ein Ei besteht aus etwa einem Drittel Eigelb und zwei Dritteln Eiweiß. Vollei enthält Eigelb und Eiweiß in diesem Mengenverhältnis.

Vor dem Abmessen der erforderlichen Menge Vollei müssen Eigelb und Eiweiß miteinander verquirlt werden.

Wein

Für Diabetiker sind nur trockene Weine geeignet. Bei der Auswahl des Weines — sowohl Weißwein als auch Rotwein — geht man sicher, wenn der Wein mit einem gelben Weinsiegel (Aufdruck: trocken) und einem Rückenetikett mit der Analyse versehen ist. In 100 g dieses Weines sind höchstens 0,4 g Zucker und 9,5 g Alkohol enthalten.

Küchentips

Blanchieren

Gemüse 1 bis 2 Minuten in kochendes Wasser legen oder mit kochendem Wasser überbrühen;
Fleisch kurz mit kochendem Wasser überbrühen.

Eindickungspulver verarbeiten

Das Pulver durch ein feines Sieb, zum Beispiel ein Teesieb, unter ständigem Rühren mit einem Schneebesen oder einem Kochlöffel in die zu bindende Flüssigkeit einstreuen und bei heißen Speisen aufkochen lassen.
Vorsichtig dosieren, da das Pulver nachquillt.

Fleischbrühe entfetten

Es gibt verschiedene Möglichkeiten:
Fleischbrühe im Kühlschrank kalt stellen, anschließend Fettschicht abheben.
Kalte oder warme Fleischbrühe durch Filterpapier gießen.
Bei warmer Fleischbrühe die Fettschicht vorsichtig mit saugfähigem Papier (Küchenkrepp, Löschpapier) abtupfen.

Gelatine vorbereiten

Blatt-Gelatine mit kaltem Wasser bedecken und 5 Minuten einweichen;
Gelatine herausnehmen. Wasser weggießen und Gelatine ausdrücken;
die noch nasse Gelatine in einem Topf auf warmer Herdplatte zerlaufen lassen, dann von der Platte nehmen; einen Teil der zu verwendenden Flüssigkeit mit der Gelatine in dem Topf verrühren;
erst dann mit der restlichen Flüssigkeit verrühren.
Gemahlene Gelatine in etwa 4facher Menge an Wasser quellen lassen, erwärmen und wie oben weiterverarbeiten.

Wichtigste Garmethoden

Backen: Garen unter Bräunung in trockener Heißluft (Backofen, Backhaube): Temperatur unterschiedlich je nach Gargut.

Braten: Garen unter Bräunung mit wenig oder ohne Fett. Folgende Hilfsmittel können das Braten ohne Fett erleichtern: kunststoffbeschichtete Pfanne oder Topf, Tontopf, Aluminiumfolie, Bratbeutel.

Dämpfen: Garen im Wasserdampf, zum Beispiel auf einem Siebeinsatz, im geschlossenen Topf.

Dünsten: Garen in wenig Flüssigkeit bei etwa 100° C, im geschlossenen Topf.

Garziehen: Gargut in kochende Flüssigkeit (100° C) geben und unterhalb des Siedepunktes (75 bis 95° C) garen, im geschlossenen Topf.

Grillen: Garen unter Bräunung durch Strahlungswärme (Grillgerät, Grill im Backofen) oder Kontaktwärme (Grillpfanne), ohne oder mit wenig Fettzugabe.

Kochen: Garen in viel Flüssigkeit bei etwa 100° C; im Drucktopf bei etwa 120° C.

Schmoren: Bräunen in wenig Fett (anbraten) und danach garen in wenig kochender Flüssigkeit, im geschlossenen Topf.

Stocken: Garen im Wasserbad knapp unter dem Siedepunkt (80 bis 95° C), im geschlossenen Topf.

Herstellung einer Creme

Ein hohes Rührgefäß — aus Metall oder hitzebeständigem Porzellan — mit den Zutaten in das Wasserbad stellen. Das Wasser sollte etwas höher stehen als die Zutaten im Rührgefäß. Das Wasser langsam erwärmen und kurz unter dem Siedepunkt halten; die Zutaten von Anfang an so lange kräftig schlagen, bis eine cremige Konsistenz erreicht ist.

Herstellen von Eierstich

Die Tasse oder ein ähnliches Gefäß mit der Eimasse in das Wasserbad stellen. Das Wasser sollte nicht höher stehen als die Eimasse in der Tasse. Wasser im geschlossenen Wasserbad erwärmen und so lange knapp unter dem Siedepunkt halten, bis die Masse gestockt ist.

Tomaten enthäuten

Den Stiel der Tomate entfernen, den grünen Keil herausschneiden, die Haut an einer Stelle über Kreuz einritzen, die Tomate einige Sekunden in kochendes Wasser tauchen und die Haut abziehen.

Tomaten entkernen

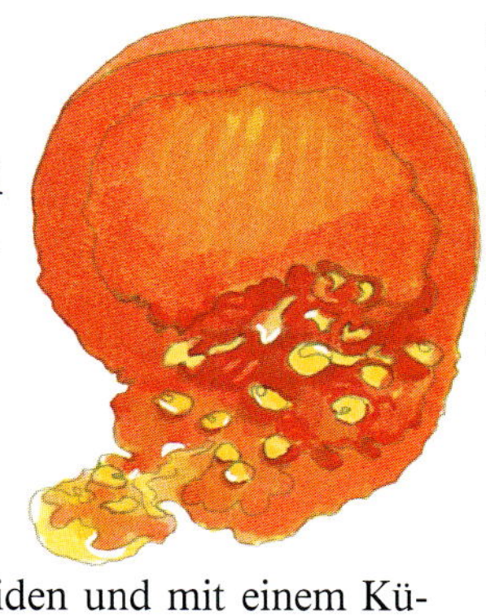

Die Tomaten quer halbieren und die Kerne mit einem Teelöffel herausholen.

Vanillemark

Die Vanilleschote längs aufschneiden und mit einem Küchenmesser die gewünschte Menge Vanillemark herauskratzen.

Die ausgekratzte Vanilleschote kann in Speisen mitgekocht werden.

Die geteilten Vanilleschoten können in Diabetikerzucker oder in flüssigen Süßstoff gelegt werden; so erhält man ein Süßungsmittel mit Vanillearoma.

Wasserbad

Ein größerer Topf wird 2—3 cm hoch mit Wasser gefüllt; darin hängt oder steht ein kleinerer Topf, in dem Speisen, die nicht kochen dürfen, zubereitet oder warm gehalten werden (z.B. Cremes, Eierstich).

Zitrusfrüchte filieren

Die Orange oder Pampelmuse mit einem scharfen Messer bis zum Fruchtfleisch einschließlich der Haut abschälen; an beiden Seiten jeder Fruchtspalte mit dem Messer — zwischen Haut und Fruchtfleisch — entlangschneiden und so rundum Stück für Stück die Fruchtfilets herauslösen.

Küchenmaße

Eine Waage mit einer 5-g-Skaleneinteilung gehört in jedem Fall in Ihre Küche. Zur Vereinfachung können Sie auf Dauer viele Nahrungsmittel in Küchenmaßen abmessen. Überprüfen Sie Tassen und Löffel, die Sie zum Abmessen der entsprechenden Nahrungsmittel nehmen möchten, bezüglich ihrer faßbaren Gramm-Menge. Verwenden Sie nur solche, die den vorgeschriebenen Inhalt haben. Damit haben Sie Ihre eigenen Küchenmaße, die Ihnen die Zubereitung der Rezepte erleichtern und Zeit sparen helfen.

Brühe	Kefir	Milch	Senf	Wasser
Citropekt®	Kondensmilch	Öl	Sherry	Wein
Dunstobstsaft	Kirschwasser	Parmesan	Sojasauce	Weinbrand
Essig	Margarine	Pulverkaffee	Süßstoff (flüssig)	Zitronensaft
Joghurt	Mayonnaise	Rum	Tomatensaft	
Kakao	Meerrettich	Sahne		
3 g — 1/2 TL;	5 g — 1 TL;	10 g — 2 TL;	15 g — 1 EL;	30 g — 2 EL

Brühe, Wasser

50 g —	1/3 Tasse	
75 g —	1/2 Tasse	
100 g —	2/3 Tasse	
115 g —	3/4 Tasse	
125 g	———	1/8 l
150 g —	1 Tasse	
200 g —	1 1/3 Tassen	
225 g —	1 1/2 Tassen	
250 g	———	1/4 l
300 g —	2 Tassen	
450 g —	3 Tassen	
500 g	———	1/2 l
600 g —	4 Tassen	
675 g —	4 1/2 Tassen	
750 g		3/4 l
900 g —	6 Tassen	
1000 g	———	1 l
1350 g —	9 Tassen	
1500 g —	10 Tassen —	1 1/2 l

Ei (Vollei) roh, gekocht:
15 g — 1/4 St.
20 g — 1/3 St.
30 g — 1/2 St.
45 g — 3/4 St.
60 g — 1 St.

Ei, roh
(Vollei, Eiweiß, Eigelb):
5 g — 1/2 EL
10 g — 1 EL

Eindickungspulver	1 g — 1 ML
Gelatine	1 g — 1/2 Bl
	2 g — 1 Bl
Opekta ®	13 g — 1/2 Beutel
	25 g — 1 Beutel
Quark, Tomatenmark	3 g — 1/3 TL
	5 g — 1/2 TL
	10 g — 1 TL
	30 g — 1 EL
Nüsse (Haselnüsse,	1 g etwa 1 St.
Mandeln,	2 g etwa 2 St.
Pistazien)	3 g etwa 3 St.

Vorschläge für Frühstück und Zwischenmahlzeiten

Alle Mahlzeitenvorschläge gelten jeweils für 1 Person.
Die Mahlzeitenvorschläge im ersten Teil enthalten im Durchschnitt etwa 24 g KH (2 BE) und von 165 bis 260 Kalorien.
Die Mahlzeitenvorschläge im zweiten Teil enthalten im Durchschnitt 36 g KH (3 BE) und von 235 bis 355 Kalorien.
Die Zubereitung dieser Mahlzeiten ist so bekannt bzw. allgemein üblich, daß hier keine Hinweise zur Zubereitung gegeben werden.

Erster Teil: etwa 24 g KH, 2 BE, 165 bis 250 Kalorien

Bananenmixmilch

250 g	Milch (3,5 % F.)
50 g	Bananen
10 g	Zitronensaft
	flüssiger Süßstoff nach Geschmack

Eiweiß	Fett	KH	BE	kcal
9 g	9 g	25 g	2	225

Belegtes Knäckebrot, Pampelmuse

15 g	Knäckebrot
10 g	Margarine
40 g	Corned beef, deutsch
130 g	Pampelmuse
	flüssiger Süßstoff nach Geschmack

Eiweiß	Fett	KH	BE	kcal
11 g	11 g	24 g	2	245

Blaubeermilch mit Zwieback

125 g	Milch (1,5 % F.)
90 g	Blaubeeren
10 g	Zwieback
5 g	Margarine
	flüssiger Süßstoff nach Geschmack

Eiweiß	Fett	KH	BE	kcal
6 g	7 g	26 g	2	195

Erdbeerjoghurt mit Pistazien

250 g	Joghurt (1,5 % F.)
160 g	Erdbeeren, halbiert oder geviertelt
5 g	gehackte grüne Pistazien
	flüssiger Süßstoff nach Geschmack

Eiweiß	Fett	KH	BE	kcal
11 g	6 g	25 g	2	205

Grahambrot mit Johannisbeerquark

25 g	Grahambrot
5 g	Margarine
120 g	rote Johannisbeeren
60 g	Magerquark
	flüssiger Süßstoff nach Geschmack

Eiweiß	Fett	KH	BE	kcal
12 g	5 g	27 g	2	205

Gurkenbrot, Sanddornmixgetränk

25 g	Pumpernickel
5 g	Margarine
50 g	geschälte Salatgurke
	Schnittlauchröllchen
250 g	Milch (1,5 % F.)
20 g	ungesüßter Sanddornsaft
	flüssiger Süßstoff nach Geschmack

Eiweiß	Fett	KH	BE	kcal
11 g	9 g	26 g	2	240

Knäckebrot mit Kräuterbuttermilch

300 g	Buttermilch
	gehackte Kräuter, z.B. Petersilie, Schnittlauch, Dill
15 g	Knäckebrot
5 g	Margarine

Eiweiß	Fett	KH	BE	kcal
12 g	6 g	24 g	2	205

Mixgetränk

110 g	Orangensaft
20 g	Schmelzflocken
10 g	Sahne (28 % F.)
	flüssiger Süßstoff nach Geschmack

Eiweiß	Fett	KH	BE	kcal
4 g	5 g	25 g	2	165

Melone mit Schinken und Brot

100 g	Honigmelone
20 g	Schinken
25 g	Stangenweißbrot
5 g	Margarine

Eiweiß	Fett	KH	BE	kcal
7 g	11 g	25 g	2	235

Vorschläge für Frühstück. Tomatenbrot mit Schnittlauchrührei (vorn; Rezept S. 48), Müsli (hinten rechts; Rezept S. 49), Mixgetränk (hinten links, Rezept S. 46) und Knäckebrot mit Kräuterbuttermilch (hinten oben, Rezept S. 46).

Radieschen-Schnittlauchbrot mit Frischkäse

50 g	Roggenmischbrot			
5 g	Margarine			
30 g	körniger Frischkäse			
50 g	Radieschen			
	Schnittlauchröllchen			
Eiweiß	Fett	KH	BE	kcal
8 g	6 g	28 g	2	210

Tomatenbrot mit Schnittlauchrührei

50 g	Vollkornbrot			
5 g	Margarine			
50 g	Tomate			
1	Ei			
	Salz Schnittlauchröllchen			
Eiweiß	Fett	KH	BE	kcal
11 g	11 g	25 g	2	260

Zweiter Teil:
etwa 36 g KH, 3 BE, 235 bis 355 Kalorien

Belegtes Brot

50 g	Brötchen			
25 g	Vollkornbrot			
5 g	Margarine			
20 g	Camembert (30 % F.i.Tr.)			
10 g	Leberwurst			
Eiweiß	Fett	KH	BE	kcal
12 g	12 g	37 g	3	325

Belegtes Brot, Joghurt

50 g	Buttermilchbrot			
5 g	Margarine			
20 g	Geflügelsülze			
250 g	Magerjoghurt			
	flüssiger Süßstoff nach Geschmack			
Eiweiß	Fett	KH	BE	kcal
19 g	6 g	38 g	3	295

Brötchen mit Sirup, Milch

25 g	Brötchen			
5 g	Butter			
15 g	Diabetikersirup (Diabetikerkunsthonig)			
250 g	Milch (3,5 % F.)			
Eiweiß	Fett	KH	BE	kcal
11 g	13 g	36 g	3	320

Getreideknusperflocken mit Milch

30 g	Getreideknusperflocken ohne Zucker			
250 g	Milch (1,5 % F.)			
	flüssiger Süßstoff nach Geschmack			
Eiweiß	Fett	KH	BE	kcal
11 g	4 g	37 g	3	235

Käsebrötchen und Kakao

50 g	Brötchen			
5 g	Margarine			
20 g	Schnittkäse (30 % F.i.Tr.)			
250 g	Milch (1,5 % F.)			
1/2 TL	Kakao			
	flüssiger Süßstoff nach Geschmack			
Eiweiß	Fett	KH	BE	kcal
19 g	13 g	38 g	3	355

Kirschkefir mit gerösteten Flocken

250 g	Kefir (3,5 % F.)
90 g	Schattenmorellen
20 g	geröstete Haferflocken
	flüssiger Süßstoff nach Geschmack

Eiweiß	Fett	KH	BE	kcal
13 g	11 g	37 g	3	310

Müsli

40 g	Haferflocken
125 g	Milch (3,5 % F.)
50 g	mit Schale geraspelter Apfel
5 g	gehackte Haselnüsse
5 g	Zitronensaft
	flüssiger Süßstoff nach Geschmack

Eiweiß	Fett	KH	BE	kcal
10 g	11 g	40 g	3	310

Toast mit Ei, Orangensaft

50 g	Toastbrot
5 g	Margarine
1	gekochtes Ei
110 g	Orangensaft

Eiweiß	Fett	KH	BE	kcal
13 g	12 g	37 g	3	320

Marmeladenbrot mit Quark

50 g	Dreikornbrot
10 g	Margarine
25 g	Diabetikermarmelade
60 g	Magerquark

Eiweiß	Fett	KH	BE	kcal
12 g	9 g	40 g	3	300

Zwieback mit Nougat

30 g	Zwieback
35 g	Haselnußnougat (speziell für Diabetiker)

Eiweiß	Fett	KH	BE	kcal
9 g	16 g	35 g	3	325

Schinkenbrot mit Gurke

75 g	Vollkornbrot
10 g	Margarine
40 g	gekochter Schinken
30 g	Gewürzgurke

Eiweiß	Fett	KH	BE	kcal
14 g	14 g	36 g	3	350

Gefüllte Rinderroulade (Rezept S. 85).

Chop Suey (Rezept S. 93).

Serbisches Reisfleisch (Rezept S. 98).

Heringsfilet ,,Hausfrauenart" (Rezept S. 113).

Vorschläge für Mittagessen

Die Mengen entsprechen jeweils einem 1-Personen-Rezept; Ausnahmen sind angegeben.

Geflügelbrust ,,Surprise"				Seite 105
Gurken-Tomaten-Paprika-Salat				Seite 140
130 g Petersilienkartoffeln				Seite 115
Vanillecreme				Seite 192
Eiweiß	Fett	KH	BE	kcal
38 g	7 g	44 g	3	420

Kalbsbraten mit Parmesan				Seite 81
Ratatouille				Seite 127
Herzoginkartoffeln				Seite 117
Vanillespeise mit Erdbeeren				Seite 192
Eiweiß	Fett	KH	BE	kcal
34 g	11 g	46 g	3	455

Bamberger Fischfilet				Seite 109
Gurken-Tomaten-Kopfsalat				Seite 140
130 g Dillkartoffeln				Seite 115
Mokkacreme				Seite 185
Eiweiß	Fett	KH	BE	kcal
36 g	12 g	45 g	3	460

Kalbssteak ,,Königin"				Seite 79
Stangenspargel				Seite 129
zerlassene Butter (5 g)				
Maccairekartoffeln				Seite 118
Birne ,,Helene"				Seite 176
Eiweiß	Fett	KH	BE	kcal
36 g	13 g	44 g	3	465

Szegediner Gulasch				Seite 72
130 g Salzkartoffeln				Seite 115
Marmorspeise				Seite 185
Eiweiß	Fett	KH	BE	kcal
30 g	15 g	43 g	3	455

Gefüllte Rinderroulade				Seite 85
Leipziger Allerlei				Seite 127
Kartoffelpüree (1/2 Rezept)				Seite 118
Vanilleapfel				Seite 190
Eiweiß	Fett	KH	BE	kcal
34 g	17 g	38 g	2 1/2	470

Coq au Vin				Seite 103
Champignons				Seite 125
Salat ,,Astor"				Seite 133
Reis (30 g Rohgewicht)				
Kirschgelee				Seite 180
Eiweiß	Fett	KH	BE	kcal
36 g	12 g	41 g	3	455

Huhn ,,indisch"				Seite 102
Kopfsalat mit Joghurt				Seite 141
Risotto				Seite 118
Schmorapfel mit Weinschaumsauce				Seite 190
Eiweiß	Fett	KH	BE	kcal
37 g	13 g	42 g	3	475

Rindfleisch mit Meerrettichsauce	Seite 86
Rote-Bete-Salat	Seite 133
Bouillonkartoffeln	Seite 116
Pfirsich-Halbgefrorenes	Seite 187

Eiweiß	Fett	KH	BE	kcal
35 g	19 g	52 g	3	540

Forelle „blau“	Seite 113
zerlassene Butter (10 g)	
Salat „Astor“	Seite 133
130 g Dillkartoffeln	Seite 115
Heidelbeerspeise	Seite 179

Eiweiß	Fett	KH	BE	kcal
31 g	19 g	38 g	3	480

Ungarisches Fischfilet	Seite 111
Gurken-Radieschen-Salat	Seite 139
130 g Petersilienkartoffeln	Seite 115
Mandelcreme	Seite 181

Eiweiß	Fett	KH	BE	kcal
37 g	15 g	44 g	3	485

Gefülltes Schweineschnitzel	Seite 90
Radieschensalat	Seite 142
130 g Kartoffelschnee	Seite 115
Orangencreme	Seite 183

Eiweiß	Fett	KH	BE	kcal
31 g	19 g	41 g	3	495

Schweineroulade „Friesenart“	Seite 92
Bohnensalat	Seite 133
130 g Salzkartoffeln	Seite 115
Fruchtsülze	Seite 180

Eiweiß	Fett	KH	BE	kcal
27 g	20 g	43 g	3	495

Gegrilltes Kasseler	Seite 93
Sauerkraut	Seite 128
Kartoffelpüree	Seite 118
Überbackene Johannisbeeren	Seite 189

Eiweiß	Fett	KH	BE	kcal
31 g	18 g	44 g	3	495

Kalbfleischroulade „italienisch“	Seite 79
Blattspinat	Seite 123
Lyoner Kartoffeln	Seite 118
Königincreme	Seite 185

Eiweiß	Fett	KH	BE	kcal
35 g	16 g	46 g	3	500

Kalbscurry	Seite 80
Französische Erbsen	Seite 126
Kopfsalat mit Joghurt	Seite 141
65 g Salzkartoffeln	Seite 115
Gefüllter Pfannkuchen	Seite 178

Eiweiß	Fett	KH	BE	kcal
40 g	15 g	44 g	3	510

Cordon bleu	Seite 77
Brokkoli	Seite 124
Berner Rösti	Seite 116
Mandarinen-Apfel-Cocktail	Seite 183

Eiweiß	Fett	KH	BE	kcal
37 g	14 g	48 g	3	510

Estragonhähnchen	Seite 105
Auberginensalat	Seite 134
Berner Rösti	Seite 116
Exotischer Obstsalat	Seite 177

Eiweiß	Fett	KH	BE	kcal
32 g	17 g	46 g	3	510

Schweineleber „Berliner Art“	Seite 91			
Gurkensalat in Joghurtdressing	Seite 139			
Kartoffelpüree	Seite 118			
Rotweingelee	Seite 183			
Eiweiß	Fett	KH	BE	kcal
31 g	16 g	45 g	2 1/2	510

Rinderfilet „Stroganoff“	Seite 84			
Gurken-Tomaten-Kopfsalat	Seite 140			
Herzoginkartoffeln	Seite 117			
Grießflammeri mit Früchten	Seite 181			
Eiweiß	Fett	KH	BE	kcal
33 g	20 g	44 g	3	515

Forelle in Rotwein	Seite 111			
Chicoréesalat in Joghurt	Seite 133			
130 g Petersilienkartoffeln	Seite 115			
zerlassene Butter (10 g)				
Jamaikacreme	Seite 182			
Eiweiß	Fett	KH	BE	kcal
33 g	18 g	40 g	3	520

Sauerbraten „rheinisch“	Seite 88			
Apfel-Rotkohl	Seite 123			
Kartoffelklöße	Seite 117			
Götterspeise mit Vanillesauce	Seite 179			
Eiweiß	Fett	KH	BE	kcal
38 g	19 g	45 g	3	525

Freiburger Eintopf	Seite 69			
Erdbeercreme	Seite 177			
Eiweiß	Fett	KH	BE	kcal
27 g	24 g	45 g	3	535

Heringsfilet „Hausfrauenart“	Seite 113			
Feldsalat	Seite 136			
130 g Pellkartoffeln	Seite 115			
Aprikosenschnee	Seite 175			
Eiweiß	Fett	KH	BE	kcal
37 g	23 g	46 g	3	570

Serbisches Reisfleisch	Seite 98			
Eisbergsalat in Käsedressing	Seite 141			
Rote Grütze	Seite 189			
Eiweiß	Fett	KH	BE	kcal
32 g	26 g	43 g	3	560

Chop Suey	Seite 93			
Chicoréesalat mit Orange	Seite 140			
Risotto	Seite 118			
Rhabarberbaiser	Seite 189			
Eiweiß	Fett	KH	BE	kcal
27 g	27 g	47 g	3	575

Schweinepfeffer	Seite 92			
Bohnensalat	Seite 133			
Semmelknödel	Seite 118			
Apfelmus mit Preiselbeeren	Seite 175			
Eiweiß	Fett	KH	BE	kcal
35 g	24 g	45 g	3	565

Pichelsteiner Eintopf	Seite 69			
Welfencreme	Seite 191			
Eiweiß	Fett	KH	BE	kcal
34 g	25 g	45 g	3	605

Vorschläge für Abendessen

Die Mengen entsprechen jeweils einem
1-Personen-Rezept; Ausnahmen sind angegeben.

Milchreis mit Kompott

Milchreis			Seite 162	
Apfelmus mit Preiselbeeren			Seite 175	
Eiweiß	Fett	KH	BE	kcal
7 g	9 g	34 g	3	250

Porridge

Porridge			Seite 156	
Eiweiß	Fett	KH	BE	kcal
11 g	10 g	39 g	3	300

Rote Grütze mit Vanillesauce, Käsebrot

Rote Grütze			Seite 189	
Vanillesauce			Seite 171	
40 g Roggenvollkornbrot				
5 g Margarine				
40 g Schnittkäse (30 % F.i.Tr.)				
Eiweiß	Fett	KH	BE	kcal
17 g	15 g	37 g	3	370

Vorschläge für Abendessen.
Pizza (vorn; Rezept S. 156), rote Grütze mit Vanillesauce, Käsebrot (Mitte rechts; Rezept S. 189 und 171), Röstkartoffeln mit Schinken und Ei, Salat (Mitte links; Rezept S. 119 und 57), Milchreis mit Kompott (hinten rechts; Rezept S. 162 und 175).

Münsterländer Quark mit Ei, Pellkartoffeln und Salat

Münsterländer Quark	Seite 157
Gurken-Radieschen-Salat	Seite 139
195 g Pellkartoffeln	
1 hartgekochtes Ei (Das Ei mit der Quarkmasse überziehen)	

Eiweiß	Fett	KH	BE	kcal
23 g	11 g	43 g	3	380

Gefüllter Pfannkuchen, Schinkenbrot

Gefüllter Pfannkuchen (2 Rezepte)	Seite 178
25 g Roggenvollkornbrot	
5 g Margarine	
20 g roher Schinken	

Eiweiß	Fett	KH	BE	kcal
13 g	20 g	37 g	3	400

Nudelauflauf mit Tomatensauce, Salat

Nudelauflauf mit Tomatensauce (1 1/2 Rezepte)	Seite 161
Feldsalat	Seite 136

Eiweiß	Fett	KH	BE	kcal
25 g	17 g	37 g	3	425

Quarkauflauf mit Kirschen, Butterbrot

Quarkauflauf mit Kirschen	Seite 160
50 g Grahambrot	
10 g Butter	

Eiweiß	Fett	KH	BE	kcal
21 g	12 g	42 g	3	380

Roastbeefröllchen, Waldorfsalat, Toast

Waldorfsalat	Seite 143
40 g Roastbeefscheiben	
65 g Toastbrot	
10 g Margarine	

Eiweiß	Fett	KH	BE	kcal
16 g	18 g	47 g	3	450

Auberginensalat, Schinkenbrot

Auberginensalat	Seite 134
75 g Dreikornbrot	
10 g Margarine	
40 g gekochter Schinken	

Eiweiß	Fett	KH	BE	kcal
15 g	19 g	44 g	3	430

Rohkostplatte, Knäckebrot

Möhren-Apfel-Rohkost	Seite 141
Eisbergsalat in Käsedressing	Seite 141
40 g Roggenknäckebrot	
10 g Margarine	
40 g Corned beef, deutsch	

Eiweiß	Fett	KH	BE	kcal
19 g	18 g	46 g	3	440

Ragout fin, Chicoréesalat, Toast

Ragout fin	Seite 162
Chicoréesalat mit Orange	Seite 140
65 g Toastbrot	
10 g Margarine	

Eiweiß	Fett	KH	BE	kcal
30 g	13 g	44 g	3	425

Tomatencremesuppe, Jägertoast, Salat, Butterbrot

Tomatencremesuppe	Seite 66
Jägertoast	Seite 156
Gurken-Kopfsalat in Kräuterdressing	Seite 139
50 Roggenbrot	
5 g Butter	

Eiweiß	Fett	KH	BE	kcal
19 g	18 g	43 g	3	440

Krabbencocktail, Spargel mit Schinken, Petersilienkartoffeln

Krabbencocktail			Seite 159	
Stangenspargel			Seite 129	
10 g Butter				
40 g gekochter Schinken				
195 g Petersilien-kartoffeln			Seite 115	
Eiweiß	Fett	KH	BE	kcal
25 g	16 g	46 g	3	450

Sauerkrautsalat, kaltes Kasseler, Butterbrot

Sauerkrautsalat			Seite 140	
40 g kaltes Kasseler				
30 g Gewürzgurke				
75 g Dreikornbrot				
10 g Butter				
Eiweiß	Fett	KH	BE	kcal
18 g	21 g	46 g	3	465

Hirtenspieß, Salat, Brot

Ungarischer Hirtenspieß			Seite 87	
Pusztasalat			Seite 136	
75 g Stangenweißbrot				
Eiweiß	Fett	KH	BE	kcal
29 g	23 g	52 g	3	555

Kartoffelsalat, Würstchen

Kartoffelsalat (1 1/2 Rezepte)			Seite 158	
1 Würstchen (50 g)				
Eiweiß	Fett	KH	BE	kcal
19 g	23 g	38 g	3	450

Pizza, Salat

Pizza			Seite 156	
Gurken-Kopfsalat in Kräuterdressing			Seite 139	
Eiweiß	Fett	KH	BE	kcal
18 g	21 g	43 g	3	460

Heringsfilet mit Pellkartoffeln, Salat

Heringsfilet „Hausfrauenart"			Seite 113	
Rote-Bete-Kopfsalat			Seite 136	
195 g Pellkartoffeln			Seite 115	
Eiweiß	Fett	KH	BE	kcal
35 g	21 g	51 g	3	570

Rösti, Kalbfleischsülze mit Remoulade, Salat

Berner Rösti (1 1/2 Rezepte)			Seite 116	
Kalbfleischsülze			Seite 158	
Remoulade			Seite 170	
Gurken-Tomaten-Kopfsalat			Seite 140	
Eiweiß	Fett	KH	BE	kcal
28 g	15 g	44 g	3	450

Röstkartoffeln mit Schinken und Ei, Salat

Röstkartoffeln (1 1/2 Rezepte)			Seite 119	
Bohnen-Tomaten-Salat			Seite 133	
40 g gekochter Schinken				
1 Spiegelei				
Schnittlauchröllchen				
Eiweiß	Fett	KH	BE	kcal
22 g	21 g	43 g	3	470

Überbackener Chicorée, Butterbrot

Chicorée „Mailänder Art"			Seite 152	
75 g Roggenmischbrot				
10 g Butter				
Eiweiß	Fett	KH	BE	kcal
30 g	26 g	43 g	3	555

Vorschläge für süße und pikante Quarkzubereitungen

Die Mengenangaben gelten für eine Portion von 60 g Magerquark, verrührt mit 20 g Wasser. Eine Portion Quark einschließlich Zutaten enthält jeweils etwa 50 kcal.

Süßer Quark

Zugabe von einigen Tropfen flüssigem Süßstoff und wahlweise
1 Msp. lösliches Kaffeepulver
1 Msp. Kakaopulver
1 Msp. Vanillemark
1 Msp. Zimt
2 EL Muttersaft
einige Tropfen Rumaroma
1 EL Rhabarberkompott

Pikanter Quark

Zugabe von einer Prise Salz und wahlweise
1 TL gehackte Kräuter, z.B. Dill, Kerbel, Kresse, Petersilie, Schnittlauch, Sellerie
$^1/_2$ TL gehackte Zwiebel
$^1/_2$ TL Senf
$^1/_2$ TL Tomatenmark
1 Msp. Curry
$^1/_4$ TL Kümmel
1 Msp. Paprika
1 EL Radieschen in Scheiben
1 EL Tomatenwürfel
1 EL Rettichraspeln
1 EL Gurkenwürfel
1 TL geriebener Meerrettich

Tips für Hungrige

Wenn Sie viel Hunger haben, können Sie Nahrungsmittel, die wegen ihres Kohlenhydratgehaltes mengenmäßig begrenzt sind, mit folgenden Abwandlungen sättigender machen:

- durch Zugabe von Quark
- durch Zugabe von Eischnee
- durch Andicken mit Gelatine
- durch Sämigmachen mit Eindickungspulver
- durch Zugabe von kohlenhydratarmen Gemüsesorten

Beispiele

12 g KH (1 BE)	+	sättigende Zutat	weitere Zutaten	fertige Speise
160 g Erdbeeren	+	60 g Magerquark	20 g Wasser Mark von 1/4 Vanilleschote flüssiger Süßstoff	Erdbeerspeise
100 g Apfel als Kompott	+	Eischnee von 1 Eiweiß	1/2 TL Zitronensaft 1 Msp. gemahlener Zimt flüssiger Süßstoff	Apfelschnee
300 g Buttermilch	+	2 Blatt weiße und 1 Blatt rote Gelatine	abgeriebene Schale von 1/2 Zitrone flüssiger Süßstoff	Buttermilchgelee
140 g Stachelbeeren als Kompott	+	1 ML Eindickungspulver 100 g Rhabarber	flüssiger Süßstoff	Stachelbeerkompott
70 g Möhren 50 g Erbsen	+	30 g Champignons 50 g Blumenkohl 50 g Spargel	5 g Margarine Salz gehackte Petersilie	Leipziger Allerlei

Tomatenkaltschale (vorn; Rezept S. 66), Bouillon ,,Gärtnerin" (Mitte rechts, Rezept S. 62), Spargelcremesuppe (hinten; Rezept S. 65), je 1 Portion.

Suppen und Kaltschalen

Die folgenden Rezepte
sind als Vorspeisen einer warmen Mahlzeit gedacht.
Sie sind ebenso ideal als Ergänzung
einer Abendmahlzeit mit Brot.
Durch die Verwendung
von Eindickungspulver
ist es ohne mühsame Berechnung möglich,
Cremesuppen zuzubereiten;
sie sind sättigender als Bouillon
(siehe ,,Hinweise zu den Zutaten''
und ,,Küchentips'').

	g KH	BE	kcal	Seite
Andalusische Suppe	7	—	70	62
Apfelsuppe mit Schneeklößchen	13	1	60	62
Bouillon ,,Gärtnerin''	2	—	15	62
Bouillon ,,Royal''	1	—	45	62
Champignoncremesuppe	2	—	45	62
Erdbeerkaltschale	6	1/2	40	63
Französische Zwiebelsuppe	12	1/2	85	63

	g KH	BE	kcal	Seite
Gebundene Ochsenschwanzsuppe	3	—	225	64
Klare Ochsenschwanzsuppe	—	—	190	65
Rhabarberkaltschale	2	—	15	64
Spargelcremesuppe	2	—	25	65
Tomatencremesuppe	3	—	55	66
Tomatenkaltschale	7	—	55	66

Andalusische Suppe

1 Pers.	3 Pers.	Zutaten
80 g	240 g	Tomatensaft
20 g	60 g	Tomaten
10 g	30 g	Gewürzgurken
10 g	30 g	Paprikaschoten
10 g	30 g	Zwiebeln
20 g	60 g	saure Sahne
Salz, Pfeffer, Paprika, Knoblauch, Schnittlauchröllchen		

Die Tomaten, Gewürzgurken, Paprikaschoten und Zwiebeln fein würfeln; mit dem Tomatensaft und der sauren Sahne verrühren und mit Knoblauch, Salz, Pfeffer und Paprika würzig abschmecken. Schnittlauch darüberstreuen und die Suppe vor dem Servieren gut kühlen.

1Person Foto S. 65

Eiweiß	Fett	KH	BE	kcal
2 g	4 g	7 g	—	70

Apfelsuppe mit Schneeklößchen

1 Pers.	3 Pers.	Zutaten
100 g	300 g	Äpfel mit Schale
70 g	200 g	Wasser
10 g	30 g	Eiweiß
10 g	30 g	Zitronensaft
flüssiger Süßstoff		

Das Wasser mit dem Zitronensaft mischen und süßen.
Die Äpfel schälen, in Spalten schneiden, entkernen und in dem Zitronenwasser zerkochen.
Das Eiweiß zu Schnee schlagen, mit Süßstoff süßen.
Mit einem Löffel kleine Klößchen abstechen und auf die heiße Apfelsuppe setzen. Diese kurz aufkochen und die Klößchen dann im geschlossenen Topf neben der Kochstelle 2—3 Minuten ziehen lassen.
Die Suppe eignet sich auch als Kaltschale.

1Person Foto S. 63

Eiweiß	Fett	KH	BE	kcal
1 g	—	13 g	1	60

Bouillon „Gärtnerin"

1 Pers.	3 Pers.	Zutaten
150 g	450 g	entfettete Fleischbrühe
5 g	15 g	Möhren
5 g	15 g	Porree
5 g	15 g	Sellerie
gehackte Petersilie, Salz		

Die Fleischbrühe zum Kochen bringen, mit Salz abschmecken. Das Gemüse in Streifen schneiden, in die Brühe geben und langsam gar kochen.
Mit Petersilie überstreuen.

1Person Foto S. 64

Eiweiß	Fett	KH	BE	kcal
1 g	1 g	2 g	—	15

Bouillon „Royal"

1 Pers.	3 Pers.	Zutaten
150 g	450 g	entfettete Fleischbrühe
20 g	60 g	Vollei
10 g	30 g	Wasser
Salz, Muskat, gehackte Petersilie		

Für den Eierstich das Ei mit dem Wasser verquirlen, mit Salz und Muskat abschmecken, in ein hitzebeständiges Gefäß füllen und im Wasserbad stocken lassen.
Die Fleischbrühe erhitzen, mit Salz abschmecken. Den Eierstich würfeln und in die Fleischbrühe geben. Mit Petersilie überstreuen.

1Person Foto S. 64

Eiweiß	Fett	KH	BE	kcal
3 g	3 g	1 g	—	45

Champignon-cremesuppe

1 Pers.	3 Pers.	Zutaten
75 g	225 g	entfettete Fleischbrühe
75 g	225 g	Pilzwasser
40 g	120 g	Champignons aus der Dose
10 g	30 g	Sahne (28 % F.)
1/2 ML	1 1/2 ML	Eindickungspulver
Salz, Pfeffer, gehackte Petersilie		

Die Fleischbrühe und das Pilzwasser zusammen aufkochen, mit der Sahne und dem Eindickungspulver binden. Die Champignons kleinschneiden, in der Suppe erwärmen, und die Suppe mit Salz und Pfeffer abschmecken. Mit Petersilie überstreuen.

1Person Foto S. 64

Eiweiß	Fett	KH	BE	kcal
1 g	4 g	2 g	—	45

Erdbeerkaltschale

1 Pers.	3 Pers.	Zutaten
80 g	240 g	Erdbeeren
150 g	450 g	Wasser
15 g	45 g	Rotwein
5 g	15 g	Zitronensaft
½ ML	1½ ML	Eindickungspulver
flüssiger Süßstoff		

Die Erdbeeren je nach Größe vierteln und in dem Wasser garen.
Den Rotwein dazugießen und die Suppe mit Süßstoff und dem Zitronensaft abschmecken. Nach Belieben mit dem Eindickungspulver binden.
Die Suppe vor dem Servieren kalt stellen.

1Person

Eiweiß	Fett	KH	BE	kcal
1 g	—	6 g	½	40

Französische Zwiebelsuppe

1 Pers.	3 Pers.	Zutaten
150 g	450 g	entfettete Fleischbrühe
65 g	195 g	Zwiebeln
10 g	30 g	Weißbrot
5 g	15 g	Parmesan
5 g	15 g	Weißwein
Salz, weißer Pfeffer, Knoblauch		

Die Zwiebeln in feine Scheiben schneiden, in einem Topf zusammen mit der Fleischbrühe aufkochen und langsam garen.
Die Suppe mit Salz, Pfeffer, Knoblauch und dem Weißwein abschmecken. Das Weißbrot mit dem Parmesan bestreuen und im Ofen überbacken. Dann in Würfel schneiden und die Käsecroutons auf die Suppe setzen.

1Person Foto S. 64

Eiweiß	Fett	KH	BE	kcal
4 g	2 g	12 g	½	85

Apfelsuppe mit Schneeklößchen (vorn; Rezept S. 62), Erdbeerkaltschale (Mitte rechts) Rhabarberkaltschale (hinten; Rezept S. 64).

Gebundene Ochsenschwanzsuppe

2¼

1 Pers.	3 Pers.	Zutaten
90 g	270 g	Ochsenschwanz
225 g	675 g	Wasser
10 g	30 g	Möhren
10 g	30 g	Porree
10 g	30 g	Zwiebeln
1/2 TL	10 g	Margarine
5 g	15 g	Tomatenmark
10 g	30 g	Rotwein
1/2 ML	1 1/2 ML	Eindickungspulver
Salz, Pfeffer, Paprika, Basilikum		

Die Margarine erhitzen, den Ochsenschwanz von allen Seiten kräftig darin anbraten. Die Möhren, Zwiebeln und den Porree in Scheiben schneiden und mit dem Tomatenmark dazugeben. Mit Salz, Pfeffer, Paprika und Basilikum würzen, mit dem Wasser auffüllen und die Suppe etwa 2 Stunden im geschlossenen Topf garen.
Den Ochsenschwanz herausnehmen und die Suppe durch ein Sieb streichen. Vom Ochsenschwanz das Fleisch lösen, kleinschneiden und mit der Suppe wieder erwärmen. Mit dem Rotwein und Salz abschmecken, nach Wunsch zusätzlich mit dem Eindickungspulver binden.

1Person Foto S. 65

Eiweiß	Fett	KH	BE	kcal
19 g	13 g	3 g	—	225

Rhabarberkaltschale

1 Pers.	3 Pers.	Zutaten
60 g	180 g	Rhabarber
150 g	450 g	Wasser
1/2 Bl.	1 1/2 Bl.	weiße Gelatine
5 g	15 g	Zitronensaft
5 g	15 g	Weißwein
flüssiger Süßstoff		

Den Rhabarber in mittelgroße Stücke schneiden und in dem Wasser weich kochen, mit Süßstoff, dem Zitronensaft und Weißwein abschmecken.
Die nach Anweisung vorbereitete Gelatine darunterrühren. Die Suppe kalt servieren.

1Person Foto S. 63

Eiweiß	Fett	KH	BE	kcal
1 g	—	2 g	—	15

Französische Zwiebelsuppe (vorn; Rezept S. 63), Champignoncremesuppe (Mitte rechts; Rezept S. 62), Bouillon „Gärtnerin" (Mitte links; Rezept S. 62), Bouillon „Royal" (hinten; Rezept S. 62).

Klare Ochsenschwanzsuppe

2¼

1 Pers.	3 Pers.	Zutaten
90 g	270 g	Ochsenschwanz
225 g	675 g	Salzwasser
1/2	1 1/2	kleine Zwiebel(n)
10 g	30 g	Möhren
10 g	30 g	Porree
10 g	30 g	Sellerie
10 g	30 g	trockener Sherry
Salz, Pfeffer, Lorbeerblatt, Nelke(n), Rosmarin, Salbei, Wacholderbeeren		

Den Ochsenschwanz blanchieren. Anschließend im kalten Salzwasser aufsetzen und die Flüssigkeit zum Kochen bringen. Das Suppengemüse in Streifen schneiden und mit den Gewürzen dazugeben, die Anschnittfläche der Zwiebel vorher rösten. Die Suppe etwa 2 Stunden im geschlossenen Topf garen.
Den Ochsenschwanz herausnehmen, das Fleisch vom Knochen lösen und klein würfeln. Die Brühe durch ein feines Sieb gießen, mit dem Sherry, Salz und Pfeffer abschmecken und das Fleisch darin wieder erwärmen.

1Person

Eiweiß	Fett	KH	BE	kcal
18 g	10 g	—	—	190

Spargelcremesuppe

1 Pers.	3 Pers.	Zutaten
75 g	225 g	entfettete Fleischbrühe
75 g	225 g	Spargelwasser
30 g	90 g	Spargel aus der Dose
10 g	30 g	Kondensmilch (10 % F.)
5 g	15 g	Zitronensaft
1/2 ML	1 1/2 ML	Eindickungspulver
Salz, weißer Pfeffer, gehackte Petersilie		

Die Fleischbrühe und das Spargelwasser zusammen aufkochen, mit der Kondensmilch und dem Eindickungspulver binden. Den Spargel kleinschneiden und in der Suppe erwärmen. Mit Salz, Pfeffer und dem Zitronensaft würzen und Petersilie darüberstreuen.

1Person

Eiweiß	Fett	KH	BE	kcal
1 g	1 g	2 g	—	25

Andalusische Suppe (vorn; Rezept S. 62), klare Ochsenschwanzsuppe (Mitte rechts), gebundene Ochsenschwanzsuppe (hinten; Rezept S. 64).

Tomatencremesuppe

1 Pers.	3 Pers.	Zutaten
100 g	300 g	entfettete Fleischbrühe
20 g	60 g	Tomaten ohne Haut
10 g	30 g	Tomatenmark
10 g	30 g	Zwiebeln
5 g	15 g	durchwachsener Speck
$\frac{1}{2}$ ML	$1\frac{1}{2}$ ML	Eindickungspulver
Salz, Pfeffer, Knoblauch, flüssiger Süßstoff		

Den Speck würfeln, die Zwiebeln fein hacken, die Tomaten grob würfeln. Die Speckwürfel auslassen, die Zwiebeln darin anrösten, das Tomatenmark hineinrühren. Mit der Fleischbrühe ablöschen und mit dem Eindickungspulver binden. Die Tomatenwürfel in die Suppe geben und mit Salz, Pfeffer, Knoblauch und nach Geschmack mit Süßstoff abschmecken.

1Person

Eiweiß	Fett	KH	BE	kcal
1 g	4 g	3 g	—	55

Tomatenkaltschale

1 Pers.	3 Pers.	Zutaten
150 g	450 g	Tomatensaft
50 g	150 g	entfettete Fleischbrühe
5 g	15 g	Schnittkäse (45 % F.i.Tr.)
Salz, Pfeffer, Worcestersauce, Schnittlauchröllchen		

Den Käse raspeln.
Den Tomatensaft mit der Fleischbrühe verrühren, mit Salz, Pfeffer und Worcestersauce abschmecken. Die Käseraspel und Schnittlauchröllchen darüberstreuen. Die Suppe gut gekühlt servieren.

1Person Foto S. 60

Eiweiß	Fett	KH	BE	kcal
3 g	2 g	7 g	—	55

Tomatencremesuppe.

Eintöpfe

Eintöpfe sind als Mahlzeit sehr beliebt; wegen der Zusammenstellung und Berechnung der verschiedenen Zutaten werden sie jedoch von vielen Diabetikern nur mit viel Unsicherheit zubereitet. Es ist zweckmäßig, Eintöpfe für mehrere Portionen zu kochen und sie dann gleichmäßig auf die anderen Familienmitglieder aufzuteilen oder portionsweise einzufrieren. Wenn die in den Rezepten angegebene Kohlenhydrat-(BE-)Menge von der in Ihrem Diätplan abweicht, muß die Menge an Kartoffeln, Reis oder Teigwaren entsprechend erhöht oder reduziert werden.

	g KH	BE	kcal	Seite
Berliner Geflügeltopf	34	2	420	71
Freiburger Eintopf	33	2	470	69
Grüne Bohnen mit Hammelfleisch	33	2	440	70
Grüne Bohnen mit Rindfleisch	31	2	335	71
Irish Stew	30	2	430	72

	g KH	BE	kcal	Seite
Linsensuppe	36	3	385	73
Pichelsteiner Eintopf	32	2	445	69
Serbische Bohnensuppe	28	2	350	73
Szegediner Gulasch	30	2	350	72
Wirsingeintopf	33	2	370	69

Wirsingeintopf

1 Pers.	3 Pers.	Zutaten
100 g	300 g	mageres Rindfleisch
150 g	450 g	Wirsing
130 g	390 g	Kartoffeln
300 g	900 g	Wasser
10 g	30 g	Möhren
10 g	30 g	Porree
10 g	30 g	Sellerie
10 g	30 g	Zwiebeln
5 g	15 g	durchwachsener Speck
1/2	1 1/2	Lorbeerblatt
Salz, Pfeffer, Piment		

Das Fleisch in 1—2 cm große, den Speck und die Zwiebeln in feine Würfel schneiden, die Kartoffeln ebenfalls würfeln.
Den Speck auslassen, das Fleisch darin anrösten; die Zwiebelwürfel kurz mitrösten, mit Salz, Pfeffer, dem Lorbeerblatt und Piment würzen, mit dem Wasser ablöschen und das Fleisch garen.
Den Wirsing, die Möhren, den Porree und Sellerie in feine Streifen schneiden und zusammen mit den Kartoffeln in den Topf rühren, fertiggaren.
Den Eintopf nochmals abschmecken.

1Person

Eiweiß	Fett	KH	BE	kcal
28 g	11 g	33 g	2	370

Freiburger Eintopf (vorn), Pichelsteiner Eintopf (hinten rechts), Wirsingeintopf (hinten links).

Freiburger Eintopf

1 Pers.	3 Pers.	Zutaten
100 g	300 g	mageres Schweinefleisch
450 g	1350 g	Wasser
130 g	390 g	Kartoffeln
30 g	90 g	Kohlrabi
30 g	90 g	Porree
30 g	90 g	Blumenkohl
20 g	60 g	Möhren
15 g	45 g	Erbsen aus der Dose
10 g	30 g	Zwiebeln
1/2 TL	10 g	Margarine
5 g	15 g	roher Schinken
20 g	60 g	Weißwein
1/2	1 1/2	Lorbeerblatt
Salz, Pfeffer		

Das Fleisch in 1—2 cm große Würfel schneiden. Die Margarine erhitzen und die Fleischwürfel darin von allen Seiten anbraten.
Den Schinken und die Zwiebeln würfeln, kurz mit dem Fleisch braten, dann mit dem Wasser und Weißwein auffüllen.
Die Kartoffeln würfeln, den Kohlrabi, Porree und die Möhren in Streifen schneiden, den Blumenkohl in Röschen teilen. Die Kartoffeln und das Gemüse unter das Fleisch mischen, mit Salz, Pfeffer und dem Lorbeerblatt würzen und den Eintopf garen.
Die Erbsen zum Schluß darunterheben, warm werden lassen und das Gericht mit Salz nachwürzen.

1Person

Eiweiß	Fett	KH	BE	kcal
24 g	23 g	33 g	2	470

Pichelsteiner Eintopf

1 Pers.	3 Pers.	Zutaten
50 g	150 g	mageres Rindfleisch
50 g	150 g	mageres Schweinefleisch
150 g	450 g	Weißkohl
130 g	390 g	Kartoffeln
300 g	900 g	Wasser
10 g	30 g	roher Schinken
5 g	15 g	Margarine
10 g	30 g	Zwiebeln
10 g	30 g	Möhren
15 g	45 g	Sellerie
1/2	1 1/2	Lorbeerblatt
Salz, Pfeffer, Muskat, gehackte Petersilie		

Das Rindfleisch in 1—2 cm große Würfel schneiden.
Die Margarine erhitzen, das Fleisch darin anbraten, mit Salz, Pfeffer, Muskat und dem Lorbeerblatt würzen, das Wasser dazugießen und kurze Zeit kochen lassen.
Das Schweinefleisch inzwischen in 1—2 cm große Würfel, den Schinken und die Zwiebeln in kleine Würfel schneiden, unter die Rindfleischwürfel mischen und weitergaren.
Die Kartoffeln würfeln, den Weißkohl, Sellerie und die Möhren in Streifen schneiden. Kurz bevor das Fleisch gar ist, das Gemüse und die Kartoffeln zum Fleisch geben und weich werden lassen. Den Eintopf abschmecken und Petersilie darüberstreuen.

1Person

Eiweiß	Fett	KH	BE	kcal
26 g	20 g	32 g	2	445

Grüne Bohnen mit Hammelfleisch

1 Pers.	3 Pers.	Zutaten
100 g	300 g	mageres Hammelfleisch
150 g	450 g	frische Bohnen oder aus der Dose
130 g	390 g	Kartoffeln
150 g	450 g	Wasser
5 g	15 g	durchwachsener Speck
10 g	30 g	Zwiebeln
5 g	15 g	Möhren
5 g	15 g	Sellerie
Salz, Pfeffer, Bohnenkraut		

Das Fleisch in 1—2 cm große Würfel, den Speck und die Zwiebeln in kleine Würfel schneiden.
Die Speckwürfel auslassen und darin die Fleisch- und die Zwiebelwürfel anbraten. Mit dem Wasser ablöschen, mit Salz, Pfeffer und Bohnenkraut würzen.
Die Kartoffeln würfeln, die Möhren und den Sellerie in Streifen schneiden, dazugeben und das Fleisch garen.
Bei Verwendung von frischen Bohnen, diese in etwa 2 cm lange Stücke schneiden und bereits mit dem anderen Gemüse dazugeben. Bohnen aus der Konserve erst zum Schluß miterhitzen.
Den Eintopf abschmecken.

1Person

Eiweiß	Fett	KH	BE	kcal
25 g	20 g	33 g	2	440

Grüne Bohnen mit Rindfleisch

1½

1 Pers.	3 Pers.	Zutaten
100 g	300 g	mageres Rindfleisch
150 g	450 g	Bohnen aus der Dose
130 g	390 g	Kartoffeln
150 g	450 g	Wasser
10 g	30 g	Zwiebeln
5 g	15 g	Möhren
5 g	15 g	Sellerie
5 g	15 g	durchwachsener Speck
Salz, Pfeffer, Bohnenkraut		

Das Fleisch in etwa 1 cm große Würfel schneiden, den Speck fein würfeln, die Zwiebeln würfeln, die Möhren und den Sellerie in feine Streifen schneiden, die Kartoffeln würfeln.
Den Speck auslassen und das Fleisch darin anbraten, die Zwiebelwürfel mitrösten, mit Salz, Pfeffer und Bohnenkraut würzen, mit dem Wasser ablöschen. Die Möhren- und Selleriestreifen zusammen mit den Kartoffeln dazugeben und das Fleisch garen.
Die Bohnen zum Schluß in dem Eintopf erhitzen und diesen abschmecken.

1Person

Eiweiß	Fett	KH	BE	kcal
26 g	9 g	31 g	2	335

◀
Grüne Bohnen mit Hammelfleisch (vorn), grüne Bohnen mit Rindfleisch, 3 Portionen (hinten rechts und links).

Berliner Geflügeleintopf

1½

1 Pers.	3 Pers.	Zutaten
160 g	500 g	Huhn mit Knochen
500 g	1500 g	Salzwasser
300 g	900 g	entfettete Hühnerbrühe
50 g	150 g	Möhren
30 g	90 g	Porree
30 g	90 g	Sellerie
20 g	60 g	Spargel aus der Dose
15 g	45 g	Erbsen aus der Dose
10 g	30 g	Margarine
30 g	90 g	roher Reis
Salz, Pfeffer, Liebstöckel, gehackte Petersilie		

Den Reis in einem Drittel des Salzwassers kochen und abgießen.
Das Huhn zusammen mit den Möhren, dem Porree und Sellerie in dem restlichen Salzwasser kochen. Wenn das Suppengemüse weich ist, es herausnehmen.
Das Huhn weiterkochen, bis es gar ist.
Das Suppengemüse fein würfeln, den Spargel in Stücke schneiden und alles mit den Erbsen mischen. Mit der Hühnerbrühe auffüllen.
Das Hühnerfleisch vom Knochen lösen, kleinschneiden und zusammen mit der Margarine und dem Reis in die Brühe geben.
Den Eintopf erwärmen, mit Salz, Pfeffer und Liebstöckel abschmecken und mit Petersilie überstreuen.

1Person

Eiweiß	Fett	KH	BE	kcal
30 g	15 g	34 g	2	420

Berliner Geflügeleintopf.

Irish Stew

1¼

1 Pers.	3 Pers.	Zutaten
100 g	300 g	mageres Hammelfleisch
150 g	450 g	Weißkohl
130 g	390 g	Kartoffeln
300 g	900 g	Wasser
150 g	450 g	Salzwasser
10 g	30 g	Zwiebeln
1/2 TL	10 g	Öl
1/2	1 1/2	Lorbeerblatt
Salz, Pfeffer, Thymian, Knoblauch		

Das Fleisch in 2—3 cm große Würfel schneiden, die Zwiebeln würfeln. Das Öl erhitzen und darin die Fleisch- und Zwiebelwürfel kurz anbraten. Mit Salz, Pfeffer, Thymian, Lorbeerblatt und Knoblauch würzen, mit dem Wasser ablöschen. Das Fleisch kurze Zeit schmoren.
Den Weißkohl grob schneiden und zum Fleisch geben. Den Eintopf fertiggaren und nachwürzen.
Kartoffeln in Salzwasser kochen und getrennt dazu reichen.

1Person

Eiweiß	Fett	KH	BE	kcal
22 g	21 g	30 g	2	430

Szegediner Gulasch

1½

1 Pers.	3 Pers.	Zutaten
100 g	300 g	mageres Rindfleisch
100 g	300 g	Sauerkraut
130 g	390 g	Kartoffeln
300 g	900 g	Wasser
150 g	450 g	Salzwasser
20 g	60 g	Zwiebeln
10 g	30 g	Tomatenmark
5 g	15 g	Margarine
1/2	1 1/2	Lorbeerblatt
Salz, Pfeffer, Paprika, flüssiger Süßstoff		

Das Fleisch in 1—2 cm große Würfel schneiden. Die Margarine erhitzen und das Fleisch darin von allen Seiten anbraten.
Die Zwiebeln hacken, mit dem Tomatenmark in das Fleisch rühren, kurz anrösten. Mit Salz, Pfeffer, Paprika und dem Lorbeerblatt würzen, mit dem Wasser ablöschen und das Fleisch garen. Nach der Hälfte der Garzeit das Sauerkraut in den Topf geben.
Den fertigen Gulasch pikant abschmecken, nach Belieben unter Verwendung von etwas Süßstoff.
Die Kartoffeln im Salzwasser kochen und getrennt dazu reichen.

1Person

Eiweiß	Fett	KH	BE	kcal
25 g	12 g	30 g	2	350

Irish Stew (vorn), Szegediner Gulasch (hinten), beidesmal mit Salzkartoffeln.

Linsensuppe

1 Pers.	3 Pers.	Zutaten
40 g	120 g	Linsen
50 g	150 g	Kartoffeln
45 g	135 g	roher Schinken ohne Fettrand
225 g	675 g	Wasser
20 g	60 g	Porree
10 g	30 g	Zwiebeln
10 g	30 g	Möhren
10 g	30 g	Sellerie
5 g	15 g	Essig
Salz, Pfeffer, flüssiger Süßstoff		

Die Linsen über Nacht in dem Wasser einweichen.
Die Kartoffeln, das Gemüse und den Schinken fein würfeln. Die Linsen in der Einweichflüssigkeit fast weich garen, die gewürfelten Zutaten dazugeben und fertiggaren.
Mit Salz, Pfeffer, dem Essig und nach Geschmack mit Süßstoff abschmecken.

1Person

Eiweiß	Fett	KH	BE	kcal
19 g	16 g	36 g	3	385

Serbische Bohnensuppe

1 Pers.	3 Pers.	Zutaten
100 g	300 g	mageres Rindfleisch
40 g	120 g	weiße Bohnen
300 g	900 g	Wasser
40 g	120 g	Paprikaschoten
10 g	30 g	Zwiebeln
10 g	30 g	Möhren
10 g	30 g	Porree
10 g	30 g	Tomatenmark
1/2 TL	10 g	Margarine
Salz, Pfeffer, Paprika, Bohnenkraut		

Die Bohnen über Nacht in dem Wasser einweichen.
Das Fleisch in etwa 1/2 cm große Würfel schneiden, die Zwiebeln hacken.
Die Bohnen auf ein Sieb geben, das Einweichwasser auffangen. Die Margarine erhitzen, das Fleisch darin anbraten, die Zwiebelwürfel und das Tomatenmark kurz mitrösten. Die abgetropften Bohnen dazugeben, kurz schmoren und mit dem Einweichwasser auffüllen und garen.
Die Möhren, Paprikaschoten und den Porree fein schneiden, kurz vor Ende der Garzeit in die Suppe rühren und mit Salz, Pfeffer, Paprika und Bohnenkraut abschmecken.

1Person

Eiweiß	Fett	KH	BE	kcal
31 g	10 g	28 g	2	350

Linsensuppe (vorn), serbische Bohnensuppe (hinten).

Vordere Reihe (v.l.n.r.):
Schweineroulade „Friesenart" (Rezept S. 92),
chinesisches Reisgericht (Rezept S. 96),
je 1 Portion.
Hintere Reihe (v.l.n.r.):
Cordon bleu (Rezept S. 77),
Rehsteak mit Pfifferlingen (Rezept S. 100),
Rinderleber „Berliner Art" (Rezept S. 84),
Huhn „indisch" (Rezept S. 102), je 1 Portion.

Fleischgerichte

Im Mittelpunkt einer warmen Mahlzeit
steht meistens das Fleischgericht.
Es liefert in der Regel
bereits ein Viertel bis ein Drittel
der täglichen Eiweißzufuhr.
Schwierigkeiten bei Fleischgerichten
gibt es für den Diabetiker eigentlich nur
bei der Zubereitung bzw. der Auswahl
der zum Fleisch gehörenden Sauce. Diese enthält
— vor allem in Restaurants —
oft eine schwer abschätzbare Menge an Kohlenhydraten
und ist für den Diabetiker
nicht empfehlenswert;
ebenso ist paniertes Fleisch ungeeignet.
Um so wichtiger ist es,
daß Sie zu Hause Fleisch
und Sauce fachgerecht zubereiten,
damit Sie beides genießen können.

Fleischgerichte vom Kalb

	g KH	BE	kcal	Seite
Cordon bleu	—	—	170	77
Kalbfleisch „Marengo“	3	—	180	77
Kalbfleischroulade „italienisch“	1	—	200	79
Kalbsbraten mit Parmesan	—	—	165	81
Kalbscurry	2	—	205	80

	g KH	BE	kcal	Seite
Kalbsfrikassee mit Champignons	2	—	160	79
Kalbsnuß „Baskische Art“	3	—	200	80
Kalbsschnitzel „Jägerart“	2	—	185	81
Kalbsschnitzel „Saltimbocca“	—	—	230	78
Kalbssteak „Königin“	1	—	170	79

Cordon bleu

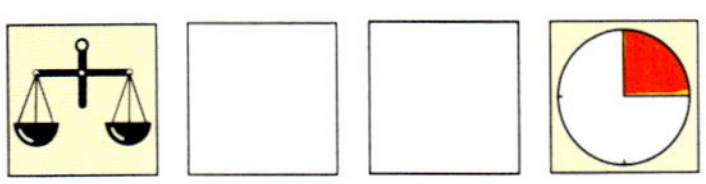

1 Pers.	3 Pers.	Zutaten
110 g	330 g	Kalbsschnitzel
5 g	15 g	gekochter Schinken
5 g	15 g	Schweizer Käse (45 %F.i.Tr.)
1/2 TL	10 g	Margarine
50 g	150 g	Wasser
Salz, Pfeffer, Paprika		

In das Schnitzel von einer Seite eine Tasche schneiden und diese mit dem Schinken und Käse füllen. Das Fleisch mit einem Holzstäbchen zusammenstecken, mit Salz, Pfeffer und Paprika würzen.
Die Margarine erhitzen und das Fleisch darin anbraten. Den Bratensatz mit dem Wasser ablöschen und mit Salz und Pfeffer abschmecken.

1Person Foto S. 74/75

Eiweiß	Fett	KH	BE	kcal
25 g	6 g	—	—	170

Kalbfleisch „Marengo“

1 Pers.	3 Pers.	Zutaten
120 g	360 g	Kalbfleisch
40 g	120 g	Champignons aus der Dose
30 g	90 g	Tomaten ohne Haut und Kerne
5 g	15 g	Zwiebeln
1/2 TL	10 g	Margarine
50 g	150 g	Wasser
Salz, Pfeffer, Paprika, Rosmarin, Knoblauch		

Das Fleisch in 2—3 cm große Würfel schneiden. Die Margarine erhitzen und die Würfel darin von allen Seiten anbraten.
Die Zwiebeln hacken, dazugeben und anrösten. Das Fleisch und die Zwiebelwürfel mit Salz, Pfeffer, Paprika, Rosmarin und Knoblauch würzen. Den Bratensatz mit dem Wasser ablöschen und das Fleisch gar schmoren.
Die Champignons je nach Größe halbieren oder vierteln, die Tomaten grob würfeln und zum Schluß in der Sauce erhitzen.
Mit Salz und Knoblauch abschmecken.

1Person

Eiweiß	Fett	KH	BE	kcal
26 g	6 g	3 g	—	180

Kalbsschnitzel „Saltimbocca“

1 Pers.	3 Pers.	Zutaten
120 g	360 g	Kalbsschnitzel
20 g	60 g	roher Schinken
1/2 TL	10 g	Margarine
1 Bl.	3 Bl.	Salbei
Salz, Pfeffer, Paprika, Knoblauch		

Das Schnitzel klopfen und mit Salz, Pfeffer, Paprika und Knoblauch einreiben.
Zunächst den Salbei und dann den Schinken auf das Fleisch legen und mit einem Holzstäbchen feststecken.
Die Margarine erhitzen und das Schnitzel schnell von beiden Seiten garen.

1Person

Eiweiß	Fett	KH	BE	kcal
28 g	11 g	—	—	230

Kalbsschnitzel „Saltimbocca“ (vorn),
Kalbssteak „Königin“ (hinten).

Kalbssteak „Königin“

1 Pers.	3 Pers.	Zutaten
120 g	360 g	Kalbsschnitzel
20 g	60 g	Champignons aus der Dose
1/2 TL	10 g	Parmesan
1/2 TL	10 g	Margarine
50 g	150 g	entfettete Fleischbrühe
5 g	15 g	Weißwein
5 g	15 g	Zitronensaft
1/2 ML	1 1/2 ML	Eindickungspulver
Salz, Pfeffer		

Das Schnitzel mit Salz und Pfeffer würzen und unter dem Grill des Backofens von beiden Seiten bräunen.
Inzwischen die Champignons würfeln, die Margarine erhitzen und die Pilze darin dünsten.
Die Fleischbrühe mit dem Eindickungspulver binden und mit dem Weißwein, Salz, Pfeffer und dem Zitronensaft abschmecken.
Die Sauce unter die Champignons rühren, die Masse auf das gegrillte Fleisch häufen, den Parmesan darüberstreuen und goldgelb überbacken.

1Person

Eiweiß	Fett	KH	BE	kcal
26 g	5 g	1 g	—	170

Kalbsfrikassee mit Champignons

1 Pers.	3 Pers.	Zutaten
120 g	360 g	Kalbfleisch
50 g	150 g	Champignons aus der Dose
1/2 TL	10 g	Kondensmilch (7,5% F.)
225 g	675 g	Wasser
1 ML	3 ML	Eindickungspulver
1/2	1 1/2	Lorbeerblatt
1	3	Nelke(n)
Salz, Piment, Liebstöckel		

Das Fleisch in 2—3 cm große Würfel schneiden. Das Wasser mit den Gewürzen aufkochen und die Fleischwürfel darin garen.
Die Brühe durch ein Sieb abgießen und auffangen. 1/2 Tasse davon mit der Kondensmilch verrühren und mit dem Eindickungspulver binden.
Die Champignons je nach Größe eventuell halbieren und mit den Fleischwürfeln in der Sauce erhitzen; das Frikassee vor dem Servieren abschmecken.

1Person

Eiweiß	Fett	KH	BE	kcal
26 g	4 g	2 g	—	160

Kalbfleischroulade „italienisch“

1 Pers.	3 Pers.	Zutaten
100 g	300 g	Kalbsschnitzel
10 g	30 g	roher Schinken
5 g	15 g	Schnittkäse (45 % F.i.Tr.)
5 g	15 g	Tomatenmark
1/2 TL	10 g	Margarine
5 g	15 g	Kondensmilch (7,5 % F.)
50 g	150 g	Wasser
1/2 ML	1 1/2 ML	Eindickungspulver
Salz, Pfeffer, Paprika, Salbei		

Das Schnitzel sehr dünn klopfen, wozu man es am besten in einen Folienbeutel legt. Mit Salz, Pfeffer, Paprika und Salbei würzen, mit dem Schinken und Käse belegen, zusammenrollen und mit einem Holzstäbchen zustecken.
Die Margarine erhitzen und darin die Roulade anbraten. Das Tomatenmark dazugeben und kurz anrösten. Mit dem Wasser ablöschen und die Roulade garen. Den Bratensaft mit der Kondensmilch verrühren, mit Salz abschmecken und nach Belieben mit dem Eindickungspulver zu einer sämigen Sauce binden.

1Person

Eiweiß	Fett	KH	BE	kcal
24 g	9 g	1 g	—	200

Kalbscurry

1 Pers.	3 Pers.	Zutaten
120 g	360 g	Kalbfleisch
10 g	30 g	Zwiebeln
1/2 TL	10 g	Margarine
5 g	15 g	Sahne (28 % F.)
1	3	Walnüsse
50 g	150 g	Wasser
1/2 ML	1 1/2 ML	Eindickungspulver
Salz, Pfeffer, Curry, Ingwerpulver		

Das Fleisch in etwa 2 cm große Würfel schneiden, die Margarine erhitzen und das Fleisch darin anbraten. Die Zwiebeln hacken und kurz mitrösten. Das Fleisch mit Salz, Pfeffer, Curry und Ingwerpulver würzen, mit dem Wasser auffüllen und im geschlossenen Topf garen. Die Walnüsse hacken und mit der Sahne in die Sauce rühren, mit dem Eindickungspulver binden, abschmecken.

1Person

Eiweiß	Fett	KH	BE	kcal
25 g	9 g	2 g	—	205

Kalbsnuß „Baskische Art“

1 Pers.	3 Pers.	Zutaten
120 g	360 g	Kalbsnuß
50 g	150 g	Tomaten ohne Haut und Kerne
5 g	15 g	durchwachsener Speck
10 g	30 g	Zwiebeln
1/2 TL	10 g	Margarine
50 g	150 g	Wasser
Salz, Pfeffer, Rosmarin		

Das Fleisch mit Salz, Pfeffer und Rosmarin einreiben. Die Margarine erhitzen und das Fleisch darin anbraten. Mit dem Wasser ablöschen und garen.
Den Speck würfeln und in einer Pfanne auslassen. Die Zwiebeln fein schneiden und mit dem Speck bräunen. Die Tomaten grob würfeln und in der Pfanne kurz erhitzen.
Die Masse würzig abschmecken und auf das Fleisch streichen. Den Bratensaft getrennt dazu reichen.

1Person

Eiweiß	Fett	KH	BE	kcal
26 g	8 g	3 g	—	200

Kalbsnuß „Baskische Art“, 3 Portionen.

Kalbsbraten mit Parmesan

1 Pers.	3 Pers.	Zutaten
120 g	360 g	mageres Kalbfleisch
1/2 TL	10 g	Parmesan
1/2 TL	10 g	Margarine
5 g	15 g	Möhren
5 g	15 g	Sellerie
5 g	15 g	Porree
50 g	150 g	Wasser
1/2 ML	1 1/2 ML	Eindickungspulver
Salz, Pfeffer, Paprika		

Das Fleisch mit Paprika, Pfeffer, Salz und dem Parmesan einreiben. Die Margarine erhitzen und das Fleisch darin anbraten.
Das Suppengemüse in Scheiben schneiden, dazugeben und anrösten. Mit dem Wasser ablöschen und das Fleisch garen.
Das Fleisch aus der Sauce nehmen und warm stellen. Die Sauce durchsieben, mit dem Eindickungspulver binden und würzen.

1 Person

Eiweiß	Fett	KH	BE	kcal
26 g	5 g	—	—	165

Kalbsschnitzel „Jägerart“

1 Pers.	3 Pers.	Zutaten
120 g	360 g	Kalbsschnitzel
30 g	90 g	Pfifferlinge aus der Dose
5 g	15 g	Zwiebeln
1/2 TL	10 g	Speck
1/2 TL	10 g	Margarine
Salz, Pfeffer, gehackte Petersilie		

Das Schnitzel klopfen und mit Salz und Pfeffer würzen. Die Margarine erhitzen, das Fleisch darin braten.
Den Speck und die Zwiebeln fein würfeln, die Speckwürfel auslassen und die Zwiebelwürfel darin dünsten. Die Pfifferlinge kurz darin erwärmen, mit Salz und Pfeffer würzen.
Die Pilze über das Schnitzel verteilen und Petersilie darüberstreuen.

1 Person

Eiweiß	Fett	KH	BE	kcal
26 g	6 g	2 g	—	185

Kalbsschnitzel „Jägerart“.

Filet „Wellington", 3 Portionen.

Fleischgerichte vom Rind

Filet „Wellington"

1 Pers.	3 Pers.	Zutaten
100 g	300 g (3x100g)	Rinderfilet
50 g	150 g	Quarkblätterteig (Grundrezept)
40 g	120 g	Tomaten ohne Haut und Kerne
30 g	90 g	Champignons aus der Dose
½ TL	10 g	Margarine
30 g	90 g	Wasser
1 TL	3 TL	Vollei
Salz, Pfeffer, gehackte Petersilie		

Das Filet mit einem Baumwollfaden umwickeln, damit es seine runde Form behält, und mit Salz und Pfeffer einreiben.
Die Margarine erhitzen und darin das Fleisch von jeder Seite etwa 1 Minute anbraten, zur Seite stellen.
Die Tomaten grob würfeln, die Champignons hacken und zusammen in der Fleischpfanne erhitzen, das Wasser dazugeben und wieder einkochen lassen. Mit Salz, Pfeffer und Petersilie abschmecken.
Den Blätterteig nach dem Grundrezept (s. Seite 211) zubereiten und dünn ausrollen; den Faden vom Filet entfernen, das Fleisch auf den Blätterteig legen und mit dem Tomaten-Pilz-Gemisch bestreichen. Das Filet in den Teig einschlagen und mit der verschlossenen Seite auf ein mit Wasser bespritztes Blech legen, mit dem Ei bestreichen und im vorgeheizten Backofen bei 220° C etwa 15 Minuten backen.

1 Person

Eiweiß	Fett	KH	BE	kcal
24 g	20 g	15 g	1	360

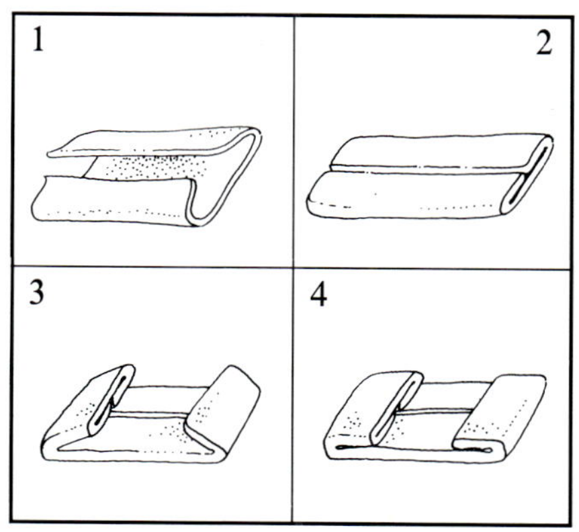

Das Filet wird in den Teig eingeschlagen und dieser wird verschlossen.

Rinderleber „Berliner Art“

 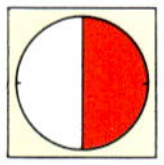

1 Pers.	3 Pers.	Zutaten
120 g	360 g	Rinderleber
65 g	195 g	Zwiebeln
50 g	150 g	Äpfel m. Schale
5 g	15 g	Öl
Salz, Pfeffer, Majoran		

Die Zwiebeln in Ringe schneiden, in der Hälfte des Öls goldgelb rösten und warm stellen.
Die Äpfel schälen, das Kerngehäuse ausstechen, das Apfelfleisch in 1 cm dicke Ringe schneiden und im Zwiebelfett dünsten.
Das restliche Öl erhitzen, die Leber darin braten und mit Salz, Pfeffer und Majoran würzen.
Die Leber mit den Apfel- und Zwiebelringen belegen.

1Person Foto S. 74/75

Eiweiß	Fett	KH	BE	kcal
25 g	9 g	20 g	$^{1}/_{2}$	275

Rinderfilet „Stroganoff“

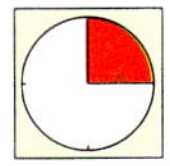

1 Pers.	3 Pers.	Zutaten
100 g	300 g	Rinderfilet
20 g	60 g	gekochter Schinken
40 g	120 g	Champignons aus der Dose
20 g	60 g	Gewürzgurken
10 g	30 g	Zwiebeln
$^{1}/_{2}$ TL	10 g	Margarine
5 g	15 g	saure Sahne
50 g	150 g	Wasser
Salz, Pfeffer, Senf		

Das Filet in Streifen schneiden, die Zwiebeln hacken. Die Margarine erhitzen und darin das Fleisch und die Zwiebelwürfel anbraten. Mit Salz und Pfeffer würzen, mit dem Wasser ablöschen.
Den Schinken und die Gurken inzwischen in Streifen schneiden, die Champignons je nach Größe vierteln, zum Fleisch geben, mit Salz, Pfeffer und Senf nachwürzen und kurz aufkochen.
Kurz vor dem Servieren die saure Sahne darunterrühren.

1Person

Eiweiß	Fett	KH	BE	kcal
25 g	11 g	3 g	—	220

Rinderschmorbraten „italienisch“

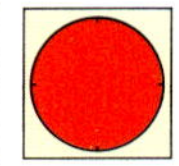

1 Pers.	3 Pers.	Zutaten
120 g	360 g	mageres Rindfleisch
$^{1}/_{2}$ TL	10 g	Margarine
20 g	60 g	Rotwein
50 g	150 g	Wasser
$^{1}/_{2}$ ML	$1^{1}/_{2}$ML	Eindickungspulver
Salz, Pfeffer, Rosmarin, Thymian		

Das Fleisch mit Salz, Pfeffer, Rosmarin und Thymian einreiben. Die Margarine erhitzen und das Fleisch darin anbraten. Das Wasser dazugießen und das Fleisch darin gar schmoren.
Den Rotwein in die Sauce gießen, mit Salz abschmecken und mit dem Eindickungspulver binden.

1Person

Eiweiß	Fett	KH	BE	kcal
25 g	11 g	—	—	230

Gefüllte Rinderroulade

1 Pers.	3 Pers.	Zutaten
110 g	330 g (3x110g)	Rouladenfleisch
10 g	30 g	gekochter Schinken
10 g	30 g	Zwiebeln
10 g	30 g	Gewürzgurken
5 g	15 g	Margarine
50 g	150 g	Wasser
1/2 ML	1 1/2 ML	Eindickungspulver
Salz, Pfeffer, Paprika, Senf		

Das Fleisch auf einer Seite mit Salz, Pfeffer, Paprika und Senf einreiben. Den Schinken, die Zwiebeln und die Gurken fein schneiden, auf dem Fleisch verteilen, zusammenrollen und feststecken oder festbinden.
Die Margarine erhitzen und die Roulade darin anbraten, mit dem Wasser ablöschen und gar schmoren. Die Sauce mit Salz und Pfeffer nachwürzen und eventuell mit dem Eindickungspulver binden.

1 Person

Eiweiß	Fett	KH	BE	kcal
26 g	13 g	1 g	—	245

Rinderschmorbraten „Robert"

1¼

1 Pers.	3 Pers.	Zutaten
120 g	360 g	mageres Rindfleisch
20 g	60 g	Gewürzgurken
10 g	30 g	Zwiebeln
1/2 TL	10 g	Margarine
50 g	150 g	Wasser
1/2 ML	1 1/2 ML	Eindickungspulver
Salz, Pfeffer, Senf, Basilikum		

Das Fleisch mit Salz, Pfeffer, Senf und Basilikum einreiben. Die Margarine erhitzen und das Fleisch darin anbraten. Die Zwiebeln würfeln und kurz mitrösten.
Mit dem Wasser auffüllen und das Fleisch gar schmoren.
Die Gurken fein hacken, in die Sauce geben, kurz aufkochen, mit Salz und Senf abschmecken und mit dem Eindickungspulver binden.

1 Person

Eiweiß	Fett	KH	BE	kcal
26 g	11 g	2 g	—	225

Gefüllte Rinderroulade.

Rindfleisch mit Meerrettichsauce

1¼

1 Pers.	3 Pers.	Zutaten
120 g	360 g	mageres Rindfleisch
10 g	30 g	geriebener Meerrettich
5 g	15 g	Kondensmilch (7,5% F.)
225 g	675 g	Wasser
10 g	30 g	Möhren
10 g	30 g	Porree
10 g	30 g	Zwiebeln
5 g	15 g	Sellerie
1/2 ML	1 1/2 ML	Eindickungspulver
1 Bl.	3 Bl.	Lorbeerblatt
1	3	Nelke(n)
Salz		

Die Möhren, den Porree, die Zwiebeln und den Sellerie in Scheiben schneiden.
Das Wasser mit den Gewürzen und dem Suppengemüse aufkochen und das Fleisch darin garen.
Für die Sauce eine halbe Tasse der Fleischbrühe entfetten, den Meerrettich und die Kondensmilch hineinrühren und mit Salz abschmecken.
Die Sauce nach Belieben mit dem Eindickungspulver sämig machen.

1Person

Eiweiß	Fett	KH	BE	kcal
26 g	9 g	2 g	—	205

Tomatengulasch

1 Pers.	3 Pers.	Zutaten
120 g	360 g	mageres Rindfleisch
50 g	150 g	Tomaten ohne Haut und Kerne
10 g	30 g	Tomatenmark
5 g	15 g	Margarine
50 g	150 g	Wasser
1/2 ML	1 1/2 ML	Eindickungspulver
Salz, Pfeffer, Paprika, Basilikum		

Das Rindfleisch in 2—3 cm große Stücke schneiden, die Margarine erhitzen und die Fleischwürfel darin anbraten.
Das Tomatenmark dazugeben, kurz anrösten und mit dem Wasser auffüllen. Mit Salz, Pfeffer, Paprika und Basilikum würzen und das Fleisch gar schmoren.
Die Tomaten grob würfeln, dazu geben und kurz aufkochen lassen.
Die Sauce abschmecken und eventuell mit dem Eindickungspulver sämig machen.

1Person

Eiweiß	Fett	KH	BE	kcal
26 g	13 g	3 g	—	245

Rindfleisch mit Meerrettichsauce.

Ungarischer Hirtenspieß

1 Pers.	3 Pers.	Zutaten
50 g	150 g	Rindfleisch, z.B. Rumpsteak
50 g	150 g	Schweinefleisch, z.B. Schnitzel
65 g	195 g	Zwiebeln
5 g	15 g	durchwachsener Speck
1/2 TL	10 g	Margarine
Salz, Pfeffer, Paprika		

Das Fleisch und die Zwiebeln in 2—3 cm große Stücke, den Speck in Scheiben schneiden. Abwechselnd auf einen Spieß stecken und mit Salz, Pfeffer und Paprika würzen. Die Margarine erhitzen und den Spieß darin knusprig braten.

1 Person

Eiweiß	Fett	KH	BE	kcal
21 g	18 g	6 g	—	290

Ungarischer Gulasch

1 Pers.	3 Pers.	Zutaten
120 g	360 g	mageres Rindfleisch
65 g	195 g	Zwiebeln
10 g	30 g	Tomatenmark
5 g	15 g	Margarine
50 g	150 g	Wasser
Salz, Pfeffer, Paprika, Kümmel, Rosmarin, Knoblauch		

Die Zwiebeln in Scheiben, das Fleisch in 2—3 cm große Stücke schneiden.
Die Margarine erhitzen. Die Zwiebelscheiben darin bräunen, das Fleisch dazugeben und kurz anbraten.
Das Tomatenmark und die Gewürze dazugeben, mit dem Wasser auffüllen und den Gulasch gar schmoren. Die Sauce vor dem Servieren abschmecken.

1 Person

Eiweiß	Fett	KH	BE	kcal
26 g	13 g	7 g	—	265

Ungarischer Hirtenspieß.

Steak „Esterhazy“

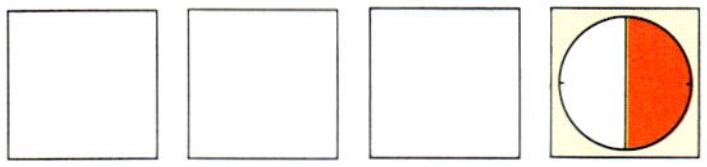

1 Pers.	3 Pers.	Zutaten
120 g	360 g (3x120g)	Roastbeef
20 g	60 g	Möhren
20 g	60 g	Porree
10 g	30 g	Sellerie
5 g	15 g	Margarine
50 g	150 g	Wasser
Salz, Pfeffer		

Die Margarine erhitzen, das Fleisch darin braten, mit Salz und Pfeffer würzen und warm stellen.
Die Möhren, den Porree und Sellerie in feine Streifen schneiden und im Bratensaft mit dem Wasser dünsten. Das Gemüse würzen und auf dem Fleisch anrichten.

1Person

Eiweiß	Fett	KH	BE	kcal
26 g	16 g	4 g	—	285

Sauerbraten „rheinisch“

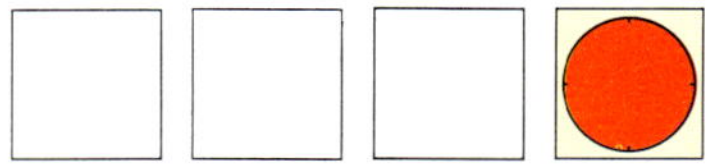

1 Pers.	3 Pers.	Zutaten
120 g	360 g	mageres Rindfleisch
225 g	675 g	Wasser
15 g	45 g	Essig
10 g	30 g	Zwiebeln
1/2 Bl.	1 1/2 Bl.	Lorbeerblatt
1	3	Nelke(n)
1/2 TL	10 g	Margarine
5 g	15 g	Dunstpreiselbeeren
1/2 ML	1 1/2 ML	Eindickungspulver
flüssiger Süßstoff, Salz, Pfeffer		

Die Zwiebeln hacken.
Das Wasser mit Süßstoff, dem Essig, den Zwiebelwürfeln und den Gewürzen zu einer Beize aufkochen, abschmecken und etwas abkühlen lassen. Das Fleisch darin einlegen, und zwar eine Portion etwa 1 Tag, ein größeres Fleischstück etwa 2 Tage.
Das Fleisch aus der Beize nehmen, abtrocknen, mit Salz und Pfeffer würzen. Die Beize aufheben.
Die Margarine in einem Schmortopf erhitzen und das Fleisch darin anbraten. Die Beize und eventuell noch etwas Wasser hineingießen und das Fleisch gar schmoren. Den Bratensaft bis auf eine halbe Tasse einkochen lassen.
Die Preiselbeeren in die Bratensauce geben und diese abschmecken. Nach Belieben mit dem Eindickungspulver binden.

1Person

Eiweiß	Fett	KH	BE	kcal
25 g	11 g	—	—	215

Sauerbraten „rheinisch“, 3 Portionen.

Wine
Vinegar

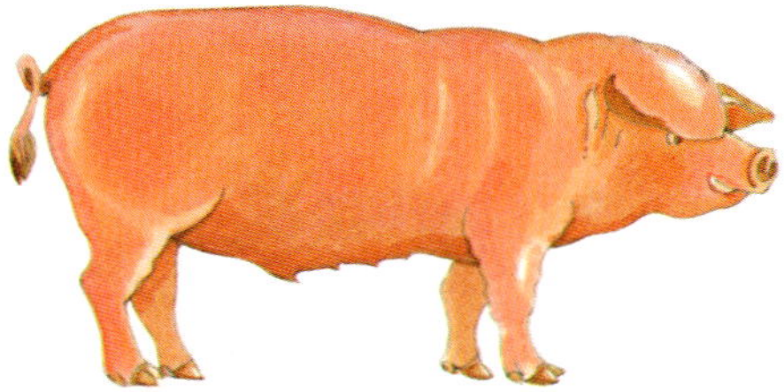

Fleischgerichte vom Schwein

Gefülltes Schweineschnitzel

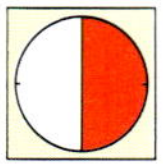

1 Pers.	3 Pers.	Zutaten
120 g	360 g	Schweineschnitzel
40 g	120 g	Sauerkraut
20 g	60 g	Magerjoghurt
15 g	45 g	Vollei
1/2 TL	10 g	Margarine
5 g	15 g	Senf
Salz, Pfeffer, Paprika, Kümmel, gehackte Petersilie, Schnittlauchröllchen		

In das Schnitzel von einer Seite her eine Tasche schneiden.
Das Sauerkraut hacken, mit Salz, Pfeffer, Paprika und Kümmel würzen. Das Schnitzel damit füllen und mit einem Holzstäbchen zustecken.
Die Margarine erhitzen und das Fleisch darin je 2 Minuten auf jeder Seite braten. Dann mit dem Senf einreiben und in eine feuerfeste Form legen.
Aus dem Joghurt, Ei, Salz, Pfeffer, Paprika und Kräutern eine Sauce rühren, das Fleisch damit überziehen. Den Backofen vorheizen und auf mittlerer Schiene bei etwa 180° C 15 Minuten überbacken.

1Person

Eiweiß	Fett	KH	BE	kcal
25 g	16 g	3 g	—	280

Schweinefilet in Curryrahmsauce

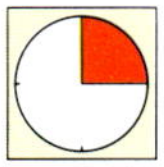

1 Pers.	3 Pers.	Zutaten
120 g	360 g	Schweinefilet
10 g	30 g	saure Sahne
1/2 TL	10 g	Margarine
50 g	150 g	Wasser
Salz, Pfeffer, Curry		

Das Filet mit Salz und Pfeffer würzen. Die Margarine erhitzen und das Fleisch darin rundherum anbraten. Mit dem Wasser ablöschen, die Sahne dazurühren und die Sauce mit Curry und Salz abschmecken.

1Person

Eiweiß	Fett	KH	BE	kcal
23 g	16 g	—	—	255

Schinkensteak „Budapest“

1 Pers.	3 Pers.	Zutaten
80 g	240 g	gekochter Schinken (1 bzw. 3 dicke Scheiben)
30 g	90 g	Tomaten ohne Haut und Kerne
25 g	75 g	Paprikaschoten
10 g	30 g	Zwiebeln
15 g	45 g	Salatgurken
5 g	15 g	durchwachsener Speck
5 g	15 g	Tomatenmark
50 g	150 g	Wasser
Salz, Pfeffer, Paprika, Knoblauch, Schnittlauchröllchen		

Den Speck würfeln und auslassen.
Die Zwiebeln würfeln und im Speckfett anrösten. Das Tomatenmark hineinrühren und mit dem Wasser ablöschen.
Die Paprikaschoten und die Gurken in Streifen schneiden und in der Sauce weich dünsten.
Die Sauce mit Salz, Pfeffer, Paprika, Knoblauch und Schnittlauch würzen. Die Tomaten grob würfeln, dazugeben und kurz aufkochen.
Nochmals würzig abschmecken und den Schinken in der Sauce erhitzen.

1Person

Eiweiß	Fett	KH	BE	kcal
18 g	14 g	3 g	—	220

Schweineleber „Berliner Art“

1 Pers.	3 Pers.	Zutaten
120 g	360 g	Schweineleber
65 g	195 g	Zwiebeln
50 g	150 g	Äpfel m. Schale
5 g	15 g	Öl
Salz, Pfeffer, Majoran		

Die Zwiebeln in Ringe schneiden, sie in der Hälfte des Öls goldgelb rösten und inzwischen warm stellen.
Die Äpfel schälen, das Kerngehäuse ausstechen, das Apfelfleisch in 1 cm dicke Ringe schneiden und im Zwiebelfett dünsten.
Das restliche Öl erhitzen, die Leber darin braten und mit Salz, Pfeffer und Majoran würzen.
Die Apfel- und Zwiebelringe auf der Leber verteilen.

1Person

Eiweiß	Fett	KH	BE	kcal
25 g	12 g	14 g	1/2	280

Schinkensteak „Budapest“.

Apfel mit Fleischfüllung

1 Pers.	3 Pers.	Zutaten
100 g	300 g	Äpfel m. Schale
50 g	150 g	Schweineleber
50 g	150 g	mageres Schweinefleisch
10 g	30 g	Zwiebeln
50 g	150 g	entfettete Fleischbrühe
Salz, Pfeffer, Paprika, Majoran		

Das Fleisch, die Leber und die Zwiebeln durch die feine Scheibe des Fleischwolfes drehen, mit Salz, Pfeffer, Paprika und Majoran abschmecken und zu einer Masse verarbeiten.
Die Äpfel schälen, das Kerngehäuse ausstechen, jeden Apfel quer teilen und die beiden Hälften aushöhlen.
Das ausgehöhlte Fruchtfleisch fein hacken, mit der Fleischmasse vermischen und in die Apfelhälften füllen.
Die Apfelhälften in eine feuerfeste Form setzen, die Fleischbrühe dazugießen und im Backofen bei 200° C etwa 30 Minuten garen.

1Person

Eiweiß	Fett	KH	BE	kcal
19 g	12 g	13 g	1	255

Schweinepfeffer

1 Pers.	3 Pers.	Zutaten
120 g	360 g	mageres Schweinefleisch
1/2 TL	10 g	Margarine
50 g	150 g	Rotwein
5 g	15 g	Kondensmilch (7,5 % F.)
200 g	600 g	Wasser
1/2 ML	1 1/2 ML	Eindickungspulver
1/2	1 1/2	Lorbeerblatt
2	6	Wacholderbeeren
10 g	30 g	Zwiebeln
Piment, grob gemahlener schwarzer Pfeffer, Salz		

Das Fleisch in 2—3 cm große Stücke schneiden, die Zwiebel grob hacken. Eine Marinade aus 1 Tasse Wasser, 9 Teelöffeln Rotwein, den Gewürzen und den Zwiebeln rühren und das Fleisch darin 24 Stunden einlegen.
Das Fleisch aus der Marinade heben und abtrocknen. Die Margarine erhitzen und die Fleischwürfel darin von allen Seiten anbraten. Mit dem restlichen Rotwein und dem Wasser ablöschen und das Fleisch darin gar schmoren.
Die Sauce mit der Kondensmilch und dem Eindickungspulver binden und abschmecken.

1Person

Eiweiß	Fett	KH	BE	kcal
23 g	15 g	1 g	—	250

Schweineroulade „Friesenart"

1 Pers.	3 Pers.	Zutaten
100 g	300 g	Schweineschnitzel
15 g	45 g	Kalbsleberwurst
20 g	60 g	Gewürzgurken
75 g	225 g	Wasser
5 g	15 g	Tomatenmark
1/2 TL	10 g	Margarine
1/2 ML	1 1/2 ML	Eindickungspulver
Salz, Pfeffer, Paprika, Liebstöckel		

Das Schnitzel dünn klopfen und mit der Kalbsleberwurst bestreichen. Die Gewürzgurken fein würfeln und darauf verteilen.
Das Fleisch mit Pfeffer, Paprika, Liebstöckel und wenig Salz würzen, zusammenrollen und mit einem Holzstäbchen feststecken.
Die Margarine erhitzen, die Roulade darin anbraten, das Tomatenmark hineinrühren und kurz anrösten. Mit dem Wasser ablöschen und das Fleisch garen.
Bei Bedarf die Sauce nachwürzen und mit dem Eindickungspulver binden.

1Person

Foto S. 74/75

Eiweiß	Fett	KH	BE	kcal
21 g	17 g	1 g	—	255

Chop Suey

1 Pers.	3 Pers.	Zutaten
100 g	300 g	Schweinefilet
25 g	75 g	Sojabohnenkeime (Lunja)
20 g	60 g	Champignons aus der Dose
20 g	60 g	Porree
15 g	45 g	rote Paprikaschoten
15 g	45 g	Zwiebeln
1/2 TL	10 g	Margarine
10 g	30 g	ungesüßte Sojasauce
10 g	30 g	Sahne (28 % F.)
50 g	150 g	Wasser
Salz, Pfeffer, Paprika, Ingwerpulver		

Das Filet in fingerdicke Scheiben schneiden und in der erhitzten Margarine braten. Mit Salz, Pfeffer und Paprika würzen und warm stellen.
Die Zwiebeln, Paprikaschoten, Sojabohnenkeime, Champignons und den Porree kleinschneiden und im Bratensaft mit dem Wasser gar dünsten.
Das Gemüse mit Sojasauce und Sahne verrühren, mit Salz und Ingwerpulver abschmecken.
Die Filetscheiben dazugeben und nochmals kurz erhitzen.

1Person

Eiweiß	Fett	KH	BE	kcal
21 g	24 g	6 g	—	345

Leberspieß „Balkanart"

1 Pers.	3 Pers.	Zutaten
120 g	360 g	Schweineleber
50 g	150 g	Paprikaschoten
20 g	60 g	Zwiebeln
15 g	45 g	durchwachsener Speck
Salz, Pfeffer, Basilikum, Öl für den Spieß		

Die Leber, die Paprikaschoten und die Zwiebeln in 2—3 cm große Stücke, den Speck in dünne Scheiben schneiden.
Abwechselnd auf einen in Öl getauchten Holzspieß stecken, mit Salz, Pfeffer und Basilikum würzen und unter dem vorgeheizten Grill knusprig garen.

1Person

Eiweiß	Fett	KH	BE	kcal
26 g	17 g	6 g	—	300

Gegrilltes Kasseler

1 Pers.	3 Pers.	Zutaten
120 g	360 g	mageres Kasseler ohne Knochen und Fettrand
Pfeffer		

Das Kasseler von beiden Seiten mit Pfeffer würzen und unter dem Grill des Backofens knusprig grillen.

1Person

Eiweiß	Fett	KH	BE	kcal
22 g	12 g	—	—	210

Chop Suey.

Fleischgerichte mit Hackfleisch

	g KH	BE	kcal	Seite
Artischockenböden „Costa Brava“	9	—	185	94
Aubergine mit Fleischfüllung	9	—	390	94
Chinesisches Reisgericht	30	2	275	96
Gefüllte Paprikaschote	12	—	295	96

	g KH	BE	kcal	Seite
Königsberger Klopse	2	—	200	96
Serbisches Reisfleisch	29	2	425	98
Ungarische Bohnen	8	—	245	98
Wirsingroulade	11	—	310	97

Artischockenböden „Costa Brava“

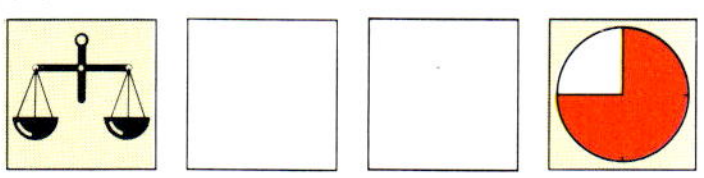

1 Pers.	3 Pers.	Zutaten
60 g	180 g	mageres Rindfleisch
50 g	150 g	Artischockenböden aus der Dose
60 g	180 g	Tomaten ohne Haut und Kerne
10 g	30 g	Zwiebeln
10 g	30 g	Vollei
1/2 TL	10 g	Margarine
50 g	150 g	Wasser
Salz, Pfeffer, Rosmarin, Knoblauch, Basilikum		

Das Rindfleisch durch die feine Scheibe des Fleischwolfes drehen.

Die Zwiebeln fein hacken, zum Fleisch geben, mit dem Ei, Salz, Pfeffer und Rosmarin zu einer Masse verarbeiten.
Aus der Fleischfarce Bällchen formen und auf die Artischockenböden drücken.
Die Tomaten grob würfeln; die Margarine erhitzen und darin die Tomatenwürfeln kurz anbraten. Das Wasser dazugeben, aufkochen lassen und mit Salz, Pfeffer, Knoblauch und Basilikum abschmecken.
Die Sauce in eine feuerfeste Form gießen, die gefüllten Artischockenböden hineinsetzen und im Backofen bei 200° C etwa 20 Minuten garen.

1Person

Eiweiß	Fett	KH	BE	kcal
16 g	8 g	9 g	—	185

Aubergine mit Fleischfüllung

1 Pers.	3 Pers.	Zutaten
100 g	300 g	mageres Schweinefleisch
150 g	450 g	Auberginen mit Schale
10 g	30 g	Magerquark
10 g	30 g	Vollei
10 g	30 g	Zwiebeln
20 g	60 g	Tomaten ohne Kerne
10 g	30 g	Parmesan
1/2 TL	10 g	Öl
Salz, Pfeffer, Paprika, Knoblauch		

Die ungeschälte Aubergine waschen und halbieren, nur etwas

aushöhlen und wenig salzen.
Das herausgenommene Auberginenfleisch fein hacken, das Öl erhitzen und darin das gehackte Aubergineninnere kurz anbraten, dann abkühlen lassen.
Das Fleisch und die Zwiebeln durch die feine Scheibe des Fleischwolfes drehen, mit dem Quark, dem Ei, Salz, Pfeffer, Paprika, Knoblauch sowie der Auberginenmasse gründlich verkneten. Die Auberginenhälften mit der Füllung bestreichen, die Tomaten in feine Streifen schneiden und darauf legen und den Parmesan darüberstreuen.

Die Auberginen in einer zugedeckten feuerfesten Form bei 180° C etwa 40 Minuten backen.

1Person

Eiweiß	Fett	KH	BE	kcal
26 g	25 g	9 g	—	390

Aubergine mit Fleischfüllung.

Chinesisches Reisgericht

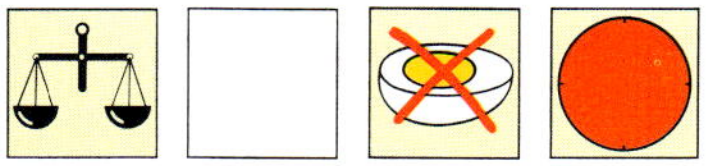

1 Pers.	3 Pers.	Zutaten
60 g	180 g	mageres Rindfleisch
30 g	90 g	Reis
60 g	180 g	Tomaten ohne Haut und Kerne
50 g	150 g	Sojabohnenkeime (Lunja)
10 g	30 g	Zwiebeln
1/2 TL	10 g	Margarine
10 g	30 g	ungesüßte Sojasauce
50 g	150 g	Wasser
150 g	450 g	Salzwasser
Salz, Pfeffer, Paprika, Ingwerpulver		

Das Fleisch durch die grobe Scheibe des Fleischwolfes drehen. Die Zwiebeln würfeln, die Margarine erhitzen und das Fleisch und die Zwiebelwürfel darin anbraten.
Die Sojabohnenkeime und das Wasser dazugeben und das Fleisch und die Keime gar dünsten.
Die Tomaten grob würfeln, ebenfalls dazugeben, kurz aufkochen lassen und mit Sojasauce, Salz, Pfeffer, Paprika und Ingwerpulver abschmecken.
Während das Fleisch gart, den Reis in dem Salzwasser kochen, abgießen und zum Schluß getrennt zu dem Gericht reichen.

1 Person Foto S. 74/75

Eiweiß	Fett	KH	BE	kcal
18 g	7 g	30 g	2	275

Königsberger Klopse

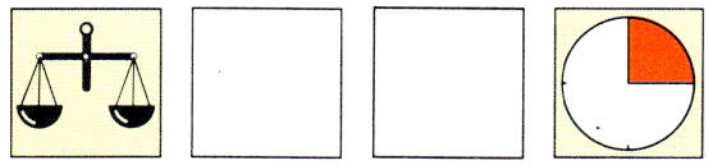

1 Pers.	3 Pers.	Zutaten
100 g	300 g	Rinderhack (Tartar)
20 g	60 g	Magerquark
10 g	30 g	Vollei
10 g	30 g	Zwiebeln
5 g	15 g	Kondensmilch (7,5 % F.)
225 g	675 g	Wasser
1/2 ML	1 1/2 ML	Eindickungspulver
1/2	1 1/2	Lorbeerblatt
4	12	Pfefferkörner
1/3	1	Sardellenfilet
3	9	Kapern
Salz, Pfeffer		

Die Kapern, das Sardellenfilet und die Hälfte der Zwiebeln hacken.
Aus dem Hackfleisch, Quark und Ei, den gehackten Zwiebeln, Salz, Pfeffer und der Sardelle einen Fleischteig kneten, daraus Klopse formen.
Aus dem Wasser, Salz, dem Lorbeerblatt, den Pfefferkörnern und den restlichen Zwiebeln einen Sud herstellen, zum Kochen bringen, die Klopse hineinlegen und garziehen lassen.
Eine halbe Tasse der Klopsbrühe mit der Kondensmilch verrühren, mit dem Eindickungspulver binden, die Kapern dazugeben und die Sauce mit Salz und Pfeffer abschmecken.

1 Person

Eiweiß	Fett	KH	BE	kcal
25 g	9 g	2 g	—	200

Gefüllte Paprikaschote

1 Pers.	3 Pers.	Zutaten
200 g	600 g	grüne Paprikaschoten
50 g	150 g	mageres Rindfleisch
50 g	150 g	mageres Schweinefleisch
20 g	60 g	Zwiebeln
10 g	30 g	Magerquark
10 g	30 g	Vollei
50 g	150 g	entfettete Fleischbrühe
Salz, Pfeffer, Basilikum		

Die Paprikaschote waschen, den Deckel abschneiden und die Kerne und Häute herauskratzen.
Das Fleisch und die Zwiebeln durch den Fleischwolf drehen, den Quark, das Ei, Salz, Pfeffer und Basilikum dazugeben und zu einer Masse verarbeiten.
Die Schote damit füllen, den Deckel aufsetzen, in eine feuerfeste Form geben, die Fleischbrühe angießen und im Backofen bei 200° C etwa 30 Minuten garen.

1 Person

Eiweiß	Fett	KH	BE	kcal
25 g	14 g	12 g	—	295

Wirsingroulade

1 Pers.	3 Pers.	Zutaten
200 g	600 g	Wirsingblätter
50 g	150 g	mageres Rindfleisch
50 g	150 g	mageres Schweinefleisch
10 g	30 g	Zwiebeln
20 g	60 g	Magerquark
10 g	30 g	Vollei
50 g	150 g	entfettete Fleischbrühe
300 g	900 g	Salzwasser
Salz, Pfeffer, Paprika, Kümmel		

Die Wirsingblätter in Salzwasser blanchieren, gut abtropfen lassen und jeweils die kleineren Blätter auf die größeren schichten.
Das Fleisch und die Zwiebeln durch den Fleischwolf drehen. Das Ei, den Quark, Salz, Pfeffer, Paprika und Kümmel dazugeben und zu einer Masse verkneten.
Die Fleischfarce auf die Wirsingblätter streichen und diese zu einer Roulade zusammenrollen.
In eine feuerfeste Form legen, die Fleischbrühe dazugießen und im Backofen bei 200° C etwa 30 Minuten garen.

1Person

Eiweiß	Fett	KH	BE	kcal
30 g	15 g	11 g	—	310

Wirsingroulade, 3 Portionen.

Ungarische Bohnen

1 Pers.	3 Pers.	Zutaten
100 g	300 g	mageres Rindfleisch
120 g	360 g	Brechbohnen aus der Dose
50 g	150 g	Paprikaschoten
5 g	15 g	Margarine
5 g	15 g	Zwiebeln
50 g	150 g	Wasser
Salz, Pfeffer, Paprika, Lorbeerblatt, Basilikum		

Das Fleisch durch die grobe Scheibe des Fleischwolfes drehen. Die Margarine erhitzen und das Fleisch darin kurz anbraten.
Die Zwiebeln hacken, dazugeben, mit Wasser ablöschen, mit Salz, Pfeffer, Paprika, Lorbeerblatt und Basilikum würzen.
Die Paprikaschoten in Streifen schneiden, zum Fleisch geben und im geschlossenen Topf garen.
Die Bohnen kurz vor Ende der Garzeit in den Topf geben, erhitzen und das Gericht würzig abschmecken.

1Person

Eiweiß	Fett	KH	BE	kcal
23 g	11 g	8 g	—	245

Serbisches Reisfleisch.

Serbisches Reisfleisch

1 Pers.	3 Pers.	Zutaten
60 g	180 g	mageres Rindfleisch
60 g	180 g	mageres Schweinefleisch
30 g	90 g	Reis
70 g	210 g	Paprikaschoten
10 g	30 g	Zwiebeln
5 g	15 g	Margarine
10 g	30 g	Tomatenmark
50 g	150 g	Wasser
150 g	450 g	Salzwasser
1/2 ML	1 1/2 ML	Eindickungspulver
Salz, Pfeffer, Oregano, Knoblauch, Thymian		

Den Reis in dem Salzwasser kochen und abgießen.
Das Rind- und Schweinefleisch durch die grobe Scheibe des Fleischwolfes drehen. Die Margarine erhitzen und das Fleisch darin anbraten.
Die Zwiebeln fein hacken, zusammen mit dem Tomatenmark zum Fleisch geben, kurz anrösten, mit Salz, Pfeffer, Oregano, Knoblauch und Thymian würzen und mit dem Wasser ablöschen.
Die Paprikaschoten in Streifen schneiden, dazugeben, mit einem Deckel verschließen und das Gericht garen.
Zum Schluß eventuell mit dem Eindickungspulver binden. Den Reis dazugeben und abschmecken.

1Person

Eiweiß	Fett	KH	BE	kcal
26 g	20 g	29 g	2	425

Fleischgerichte vom Wild

	g KH	BE	kcal	Seite
Hasenkeule	2	—	245	99
Hirschragout	2	—	200	100
Rehbraten	2	—	190	101

	g KH	BE	kcal	Seite
Rehsteak mit Pfifferlingen	2	—	285	100
Wildschweinschnitzel	2	—	275	100

Hasenkeule

1 Pers.	3 Pers.	Zutaten
1	3	kleine Hasenkeule(n) (je Stück etwa 200 g)
50 g	150 g	Champignons aus der Dose
5 g	15 g	fetter Speck
10 g	30 g	saure Sahne
1/2 TL	10 g	Margarine
1/3 ML	1 ML	Eindickungspulver
75 g	225 g	Rotwein
5 g	15 g	Öl
10 g	30 g	Zwiebeln
5 g	15 g	Porree
5 g	15 g	Möhren
2	6	Zweige Petersilie
Salz, Pfeffer, Thymian, Knoblauch		

Den Speck fein würfeln, die Zwiebeln in Ringe, die Möhren und den Porree in Scheiben schneiden.
Die von Hautresten befreite Hasenkeule in einer Marinade aus dem Rotwein, Öl, den Zwiebeln, Möhren, dem Porree, Thymian, Knoblauch, der Hälfte der Petersilie und dem Salz etwa 6 Stunden bei Zimmertemperatur oder über Nacht im Kühlschrank einlegen.
Danach die Hasenkeule mit Küchenkrepp trockentupfen.
Die Margarine erhitzen und die Keule mit den Speckwürfeln von allen Seiten schnell anbraten. Die Keule salzen und pfeffern und im geschlossenen Topf — gegebenenfalls unter Zugabe von 1 bis 2 Eßlöffeln Marinade — etwa 1/2 Stunde garen.
Die restliche Petersilie hacken.
Die Hasenkeule aus der Sauce nehmen, — warm halten.
Die Champignons halbieren, in die Sauce geben, die Sahne einrühren und nach Belieben mit dem Eindickungspulver binden. Die Sauce abschmecken, über die Hasenkeule gießen und mit Petersilie überstreuen.

1 Person

Eiweiß	Fett	KH	BE	kcal
26 g	13 g	2 g	—	245

Hirschragout

1 Pers.	3 Pers.	Zutaten
120 g	360 g	Hirschfleisch aus der Keule
5 g	15 g	durchwachsener Speck
10 g	30 g	Zwiebeln
10 g	30 g	Rotwein
5 g	15 g	Kondensmilch (7,5% F.)
50 g	150 g	Wasser
1/2 ML	1 1/2 ML	Eindickungspulver
Salz, Pfeffer, Thymian, Piment, Wacholderbeeren		

Den Speck in kleine, das Fleisch in 2—3 cm große Würfel schneiden. Den Speck auslassen und die Fleischwürfel darin anbraten. Die Zwiebeln hacken, zum Fleisch geben, kurz anrösten. Die Gewürze dazugeben und mit dem Wasser ablöschen. Das Hirschragout im geschlossenen Topf garen. Die Sauce mit dem Rotwein und der Kondensmilch verrühren, nach Belieben mit dem Eindickungspulver binden und abschmecken.

1 Person

Eiweiß	Fett	KH	BE	kcal
26 g	8 g	2 g	—	200

Rehsteak mit Pfifferlingen

1 Pers.	3 Pers.	Zutaten
120 g	360 g	Rehsteak vom Filet
30 g	90 g	Pfifferlinge aus der Dose
5 g	15 g	Öl
1/2 TL	10 g	Margarine
5 g	15 g	fetter Speck
5 g	15 g	Zwiebeln
5	15	grüne Pfefferkörner
Salz, Pfeffer, gehackte Petersilie		

Den Speck und die Zwiebeln fein würfeln, die Pfefferkörner zerdrücken. Das Steak mit Salz und den Pfefferkörnern einreiben, das Öl darübergießen und einige Zeit stehenlassen. Die Speckwürfel auslassen und die Zwiebelwürfel darin glasig dünsten. Die Pfifferlinge darin erhitzen, mit Salz und Pfeffer abschmecken und warm stellen. Die Margarine erhitzen und das Steak darin von jeder Seite etwa 3 Minuten braten, die Pfifferlinge darüber verteilen und mit Petersilie überstreuen.

1 Person Foto S. 74/75

Eiweiß	Fett	KH	BE	kcal
31 g	16 g	2 g	—	285

Wildschweinschnitzel

1 Pers.	3 Pers.	Zutaten
120 g	360 g	Wildschweinschnitzel aus der Keule
20 g	60 g	Porree
5 g	15 g	Öl
10 g	30 g	saure Sahne
5 g	15 g	fetter Speck
Salz, Pfeffer, Muskat		

Das Schnitzel zartklopfen, mit dem Öl beträufeln und in Alufolie verpackt einige Stunden stehenlassen. Den Speck in kleine Würfel, den Porree in dünne Ringe schneiden. Die Speckwürfel auslassen, den Speck aus der Pfanne nehmen und in dem Fett das Schnitzel von beiden Seiten kurz anbraten. Die Porreeringe dazugeben und kurz anschwitzen. Die Speckwürfel wieder in die Pfanne geben, die Sahne hineingießen und das Schnitzel mit Salz, Pfeffer und Muskat würzen. Das Schnitzel in der Pfanne mit Deckel garen.

1 Person

Eiweiß	Fett	KH	BE	kcal
28 g	16 g	2 g	—	275

Rehbraten

1¼

1 Pers.	3 Pers.	Zutaten
120 g	360 g	Rehfleisch aus der Keule
10 g	30 g	Zwiebeln
1/2 TL	10 g	Margarine
5 g	15 g	Tomatenmark
10 g	30 g	saure Sahne
20 g	60 g	Rotwein
50 g	150 g	Wasser
1/2 ML	1 1/2 ML	Eindickungspulver
1/2	1 1/2	Lorbeerblatt
2	6	Wacholderbeeren
Salz, Pfeffer, Thymian		

Die Zwiebeln hacken. Die Margarine erhitzen und das Fleisch darin anbraten. Die Zwiebeln und das Tomatenmark kurz mitrösten, mit dem Rotwein und dem Wasser ablöschen. Das Fleisch mit Salz, Pfeffer, Thymian, dem Lorbeerblatt und den Wacholderbeeren würzen und garen. Die Sahne in die Sauce rühren, mit Salz und Pfeffer nachwürzen und nach Wunsch mit dem Eindickungspulver sämig machen.

1Person

Eiweiß	Fett	KH	BE	kcal
26 g	6 g	2 g	—	190

Rehbraten, 3 Portionen.

Fleischgerichte mit Geflügel

	g KH	BE	kcal	Seite
Berliner Geflügeleintopf (siehe Eintöpfe)	34	2 1/2	420	71
Coq au Vin	1	—	215	103
Estragonhähnchen	2	—	200	105
Geflügelbrust „Surprise"	4	—	160	105

	g KH	BE	kcal	Seite
Geflügelleber	4	—	180	105
Hähnchenschenkel „Malaysia"	3	—	205	104
Hühnerfrikassee „Toulouser Art"	2	—	200	104
Huhn „indisch"	2	—	170	102
Putenschnitzel „süß-sauer"	2	—	175	102

Putenschnitzel „süß-sauer"

1 Pers.	3 Pers.	Zutaten
120 g	360 g	Putenschnitzel
10 g	30 g	Zwiebeln
5 g	15 g	Tomatenmark
1/2 TL	10 g	Margarine
10 g	30 g	Rotwein
75 g	225 g	Wasser
1/2 ML	1 1/2 ML	Eindickungspulver
Salz, Pfeffer, Senf, flüssiger Süßstoff, gemahlene Nelken, gemahlener Zimt		

Das Schnitzel mit Salz und Pfeffer würzen. Die Margarine erhitzen, das Schnitzel darin anbraten, dann aus der Pfanne nehmen.
Die Zwiebeln würfeln und mit dem Tomatenmark in der Fleischpfanne kurz anrösten. Das Wasser und den Rotwein hineingießen. Das Fleisch wieder in die Pfanne legen und garen.
Die Sauce mit Salz, Pfeffer, Senf, Süßstoff, Nelken und Zimt würzen und nach Belieben mit dem Eindickungspulver binden.

1 Person

Eiweiß	Fett	KH	BE	kcal
29 g	4 g	2 g	—	175

Huhn „indisch"

1 Pers.	3 Pers.	Zutaten
160 g	500 g	Huhn (mit Knochen)
20 g	60 g	Dunstpfirsich
10 g	30 g	Sahne (28 % F.)
10 g	30 g	Möhren
10 g	30 g	Porree
5 g	15 g	Sellerie
10 g	30 g	Zwiebeln
300 g	900 g	Salzwasser
1/2 ML	1 1/2 ML	Eindickungspulver
Salz, Pfeffer, Curry		

Die Möhren, Zwiebeln, den Porree und Sellerie in Scheiben schneiden.

Das Salzwasser mit dem Suppengemüse aufkochen, das Hühnerfleisch darin garen. Dann von den Knochen lösen, in mundgerechte Stücke schneiden und warm stellen.
Für die Sauce 1/2 Tasse Hühnerbrühe entfetten, mit dem Eindickungspulver binden. Den Pfirsich in Scheiben schneiden und in der Sauce erwärmen. Die Sahne in die Sauce rühren, mit Curry, Salz und Pfeffer abschmecken und die Hühnerstücke in der heißen Sauce erwärmen.

1Person Foto S. 74/75

Eiweiß	Fett	KH	BE	kcal
28 g	4 g	2 g	—	170

Coq au Vin

1 Pers.	3 Pers.	Zutaten
1	3	Hähnchenschenkel (je Stück etwa 170 g)
10 g	30 g	Zwiebeln
10 g	30 g	gekochter Schinken
20 g	60 g	Rotwein
1/2 TL	10 g	Margarine
50 g	150 g	Wasser
1/2 ML	1 1/2 ML	Eindickungspulver
Salz, Pfeffer, Thymian, Rosmarin		

Den Hähnchenschenkel mit Salz, Pfeffer, Thymian und Rosmarin einreiben; die Margarine erhitzen und den Schenkel darin anbraten.
Die Zwiebeln und den Schinken würfeln, kurz mit dem Fleisch rösten, dann mit dem Wasser und dem Rotwein ablöschen.
Den Hähnchenschenkel im geschlossenen Topf garen.
Die Sauce mit Salz abschmecken und nach Wunsch mit dem Eindickungspulver binden.

1Person

Eiweiß	Fett	KH	BE	kcal
28 g	8 g	1 g	—	215

Coq au Vin, 3 Portionen.

Hähnchenschenkel „Malaysia“

1 Pers.	3 Pers.	Zutaten
1	3	Hähnchenschenkel (je Stück etwa 170 g)
20 g	60 g	Paprikaschoten
10 g	30 g	Zwiebeln
10 g	30 g	Erbsen aus der Dose
5 g	15 g	Margarine
75 g	225 g	Wasser
Salz, Pfeffer, Paprika		

Die Margarine erhitzen und den Hähnchenschenkel darin anbraten. Mit Salz, Pfeffer und Paprika würzen und das Wasser dazugießen. Die Zwiebeln und die Paprikaschoten in feine Würfel schneiden, zum Hähnchenschenkel geben und garen. Zuletzt die Erbsen in die Sauce geben und nochmals abschmecken.

1Person

Eiweiß	Fett	KH	BE	kcal
27 g	8 g	3 g	—	205

Hähnchenschenkel „Malaysia“ (links).

Hühnerfrikassee „Toulouser Art“, 3 Portionen (rechts).

Hühnerfrikassee „Toulouser Art“

1¼

1 Pers.	3 Pers.	Zutaten
160 g	500 g	Huhn (mit Knochen)
30 g	90 g	Champignons aus der Dose
30 g	90 g	Spargel aus der Dose
10 g	30 g	Möhren
10 g	30 g	Porree
5 g	15 g	Sellerie
10 g	30 g	Zwiebeln
5 g	15 g	Kondensmilch (7,5 % F.)
10 g	30 g	Weißwein
300 g	900 g	Salzwasser
1 ML	3 ML	Eindickungspulver
Salz		

Die Möhren, Zwiebeln, den Porree und Sellerie in Scheiben schneiden. Das Salzwasser mit dem Suppengemüse aufkochen, das Hühnerfleisch darin garen. Dann von den Knochen lösen, in mundgerechte Stücke schneiden und warm stellen.
Für die Sauce 1 Tasse Hühnerbrühe entfetten und mit dem Eindickungspulver binden.
Die Kondensmilch und den Weißwein hineinrühren und mit Salz würzen.
Die Champignons und den Spargel kleinschneiden und mit den Hühnerstücken in der heißen Sauce erwärmen.

1 Person

Eiweiß	Fett	KH	BE	kcal
26 g	7 g	2 g	—	200

Geflügelleber

1 Pers.	3 Pers.	Zutaten
100 g	300 g	Geflügelleber
20 g	60 g	Äpfel
1/2 TL	10 g	Margarine
50 g	150 g	Wasser
1/2 ML	1 1/2 ML	Eindickungspulver
Salz, Pfeffer, Paprika, Majoran		

Die Margarine erhitzen und die Leber darin anbraten. Mit Pfeffer, Paprika und Majoran würzen.
Den Apfel grob würfeln. Zu der Leber geben, kurz anrösten, dann mit dem Wasser ablöschen. Die Leber langsam garen.
Leber und Sauce salzen und eventuell mit dem Eindickungspulver binden.

1 Person

Eiweiß	Fett	KH	BE	kcal
22 g	7 g	4 g	—	180

Geflügelbrust „Surprise“

1 Pers.	3 Pers.	Zutaten
120 g	360 g	Geflügelbrust (Pute oder Huhn)
10 g	30 g	Äpfel
5 g	15 g	Sellerie
5 g	15 g	Möhren
40 g	120 g	Magerjoghurt
5 g	15 g	Zitronensaft
30 g	90 g	Wasser
Salz, Pfeffer, Paprika		
Petersilie, Schnittlauch, Pimpinelle, Borretsch, Estragon } gehackt		

Die Äpfel, den Sellerie und die Möhren in feine Streifen schneiden und in dem Wasser dünsten.
In die Geflügelbrust eine Tasche schneiden, das Gemüse hineinfüllen und die Öffnung mit Holzstäbchen zustecken.
Das Fleisch von beiden Seiten mit Salz, Pfeffer und Paprika würzen, grillen und dann abkühlen lassen.
Aus dem Joghurt, den Kräutern und den Gewürzen eine Sauce rühren, die getrennt zu der kalten Geflügelbrust serviert wird.

1 Person

Eiweiß	Fett	KH	BE	kcal
29 g	2 g	4 g	—	160

Estragonhähnchen

1 Pers.	3 Pers.	Zutaten
1	3	Hähnchenschenkel (je Stück etwa 170 g)
10 g	30 g	Zwiebeln
10 g	30 g	saure Sahne
5 g	15 g	Tomatenmark
1/2 TL	10 g	Margarine
50 g	150 g	Wasser
1/2 ML	1 1/2 ML	Eindickungspulver
Salz, Pfeffer, Paprika, Estragon		

Den Hähnchenschenkel mit Salz, Pfeffer und Paprika würzen. Die Margarine erhitzen und den Schenkel darin anbraten.
Die Zwiebeln hacken, mit dem Tomatenmark zum Fleisch geben und kurz anrösten. Das Wasser dazugießen, mit Estragon würzen und den Schenkel im geschlossenen Topf garen.
Die Sahne in die Sauce rühren, mit dem Eindickungspulver binden und abschmecken.

1 Person

Eiweiß	Fett	KH	BE	kcal
26 g	8 g	2 g	—	200

Vorn (v.l.n.r.):
buntes Fischragout (Rezept S. 109),
überkrusteter Seefisch
(Rezept S. 109),
ungarisches Fischfilet
(Rezept S. 111), je 1 Portion.
Hinten: Forelle „blau“
(Rezept S. 113), 1 Portion.

Fischgerichte

Fisch bietet nicht nur eine Abwechslung im Speiseplan, sondern ist auch für alle diejenigen sehr empfehlenswert, deren tägliche Kalorienmenge knapp bemessen ist. Fisch gehört neben Fleisch und Milch sowie Milchprodukten zu den wichtigsten Eiweißlieferanten (siehe „Hinweise zu den Zutaten“).

	g KH	BE	kcal	Seite
Bamberger Fischfilet	7	—	195	109
Buntes Fischragout	5	—	160	109
Fischfilet „Kieler Art“	1	—	160	110
Fischfrikadellen in Tomatensauce	5	—	200	112
Forelle „blau“	—	—	125	113
Forelle in Rotwein	3	—	205	111

	g KH	BE	kcal	Seite
Heringsfilet „Hausfrauenart“	7	—	355	113
Kabeljaufilet im Gemüsebett	2	—	160	110
Schollenfilet	—	—	140	112
Seezunge in Weißwein	2	—	200	112
Überkrusteter Seefisch	1	—	250	109
Ungarisches Fischfilet	4	—	200	111

Bamberger Fischfilet

1 Pers.	3 Pers.	Zutaten
150 g	450 g	Seefisch (z.B. Kabeljaufilet)
15 g	45 g	Zwiebeln
20 g	60 g	Äpfel
5 g	15 g	Margarine
30 g	90 g	Wasser
5 g	15 g	Zitronensaft
Salz, Pfeffer, Paprika, Worcestersauce		

Den Fisch mit Zitronensaft und Worcestersauce würzen und gut durchziehen lassen.
Die Zwiebeln und die Äpfel in feine Streifen schneiden.
Die Margarine erhitzen, den Fisch salzen und pfeffern und zusammen mit den Zwiebel- und Apfelstreifen darin anbraten. Das Wasser hinzugeben, die Pfanne zudecken und den Fisch garen.
Mit Salz und Paprika abschmecken.

1 Person

Eiweiß	Fett	KH	BE	kcal
27 g	5 g	7 g	—	195

Überkrusteter Seefisch

1 Pers.	3 Pers.	Zutaten
150 g	450 g	Seefisch (zum Beispiel Kabeljaufilet)
30 g	90 g	Tomaten ohne Haut und Kerne
20 g	60 g	gekochter Schinken
20 g	60 g	Schnittkäse (45 % F.i.Tr.)
10 g	30 g	Porree
150 g	450 g	Wasser
5 g	15 g	Zitronensaft
1/2	1 1/2	Lorbeerblatt
15 g	45 g	Zwiebeln
Salz, grober Pfeffer, gehackte Petersilie, Schnittlauchröllchen, Knoblauch		

Die Zwiebeln fein hacken. Aus dem Wasser, 2/3 der Zwiebeln, dem Porree und den Gewürzen einen Sud kochen.
Den Fisch mit dem Zitronensaft und Salz einreiben und im Sud kurz unter dem Siedepunkt garziehen lassen.
Die restlichen Zwiebeln in sehr wenig Fischsud dünsten. Die Tomaten und den Schinken in Würfel schneiden, zu den Zwiebeln geben, erhitzen und mit Petersilie, Schnittlauch, Knoblauch und Salz abschmecken.
Den Fisch aus dem Sud heben und abtropfen lassen, in eine feuerfeste Form geben, die Tomaten-Schinken-Zwiebel-Masse darauf verteilen. Mit dem Käse belegen, den Backofen vorheizen und auf der obersten Schiene bei etwa 225 °C überbacken.

1 Person Foto S. 106/107

Eiweiß	Fett	KH	BE	kcal
36 g	9 g	1 g	—	250

Buntes Fischragout

1 Pers.	3 Pers.	Zutaten
130 g	400 g	Kabeljaufilet
50 g	150 g	Champignons aus der Dose
30 g	90 g	grüne Paprikaschoten
20 g	60 g	Tomaten ohne Haut und Kerne
10 g	30 g	Zwiebeln
1/2 TL	10 g	Margarine
150 g	450 g	Wasser
5 g	15 g	Zitronensaft
Salz, Pfeffer, Paprika, gehackte Petersilie		

Den Fisch in grobe Würfel schneiden und mit Salz und dem Zitronensaft würzen.
Die Champignons je nach Größe halbieren oder vierteln, die Paprikaschoten und die Zwiebeln in Streifen schneiden.
Die Margarine erhitzen und die Zwiebelstreifen darin glasig dünsten. Fischwürfel, Champignons und Paprikastreifen dazugeben, das Wasser dazugießen und Fisch und Gemüse gar dünsten.
Die Tomate grob würfeln, zum Schluß dazugeben und kurz aufkochen.
Die Sauce mit Salz, Pfeffer und Paprika würzen und mit Petersilie überstreuen.

1 Person Foto S. 106/107

Eiweiß	Fett	KH	BE	kcal
25 g	3 g	5 g	—	160

Fischfilet „Kieler Art“

1 Pers.	3 Pers.	Zutaten
150 g	450 g	Schellfischfilet
40 g	120 g	Tomaten ohne Haut und Kerne
5 g	15 g	durchwachsener Speck
50 g	150 g	Wasser
5 g	15 g	Zitronensaft
Salz, gehackte Petersilie, gehackte Zitronenmelisse		

Den Fisch salzen, mit dem Zitronensaft beträufeln und gut durchziehen lassen.
Den Speck fein würfeln und auslassen. Den Fisch hineinlegen, mit dem Wasser begießen und in der geschlossenen Pfanne gar dünsten.
Die Tomaten grob würfeln.
Den Fisch herausnehmen, die Tomatenwürfel in den Fischsud geben, aufkochen, abschmecken und über den Fisch verteilen.
Mit Petersilie und Melisse überstreuen.

1Person

Eiweiß	Fett	KH	BE	kcal
28 g	4 g	1 g	—	160

Kabeljaufilet im Gemüsebett

1 Pers.	3 Pers.	Zutaten
150 g	450 g	Kabeljaufilet
10 g	30 g	Möhren
10 g	30 g	Porree
10 g	30 g	Sellerie
1/2 TL	10 g	Margarine
50 g	150 g	Wasser
5 g	15 g	Zitronensaft
Salz, Pfeffer, gehackte Petersilie		

Den Fisch mit dem Zitronensaft beträufeln, mit Salz und Pfeffer würzen und gut durchziehen lassen.
Die Möhren, den Porree und den Sellerie in feine Streifen schneiden.
Die Margarine erhitzen und darin das Gemüse andünsten, das Wasser dazugießen und den Fisch hineinlegen. Im geschlossenen Topf dünsten.
Das Gemüse abschmecken und auf einen Teller geben, den Fisch darauf anrichten und Petersilie darüberstreuen.

1Person

Eiweiß	Fett	KH	BE	kcal
27 g	3 g	2 g	—	160

Kabeljaufilet im Gemüsebett (vorn), Fischfilet „Kieler Art“ (hinten).

Forelle in Rotwein

1 Pers.	3 Pers.	Zutaten
1	3	Forellen (je Stück etwa 200 g)
50 g	150 g	Champignons aus der Dose
40 g	120 g	Rotwein
1/2 TL	10 g	Margarine
10 g	30 g	saure Sahne
5 g	15 g	Zitronensaft
30 g	90 g	Wasser
Salz, Pfeffer, gehackte Petersilie, gehackter Estragon, Alufolie		

Die Forelle mit dem Zitronensaft beträufeln, auf Alufolie legen, Salz, Pfeffer und Kräuter darüberstreuen, die Hälfte des Rotweins dazugießen, die Folie verschließen und auf ein Blech legen.
Den Backofen vorheizen und auf mittlerer Schiene bei 220° C etwa 30 Minuten garen.
Die Champignons würfeln. Die Margarine erhitzen und die Champignons darin anbraten.
Mit dem Wasser ablöschen, den restlichen Rotwein und die Sahne darunterrühren. Die Sauce mit Salz und Pfeffer abschmecken und über die fertige Forelle gießen.

1Person

Eiweiß	Fett	KH	BE	kcal
23 g	7 g	3 g	—	205

Ungarisches Fischfilet

1 Pers.	3 Pers.	Zutaten
150 g	450 g	Kabeljaufilet
40 g	120 g	rote Paprikaschoten
20 g	60 g	Salatgurken
10 g	30 g	Zwiebeln
5 g	15 g	durchwachsener Speck
5 g	15 g	Tomatenmark
1/2 TL	10 g	Margarine
5 g	15 g	Zitronensaft
50 g	150 g	Wasser
Salz, Pfeffer, Basilikum, Worcestersauce		

Den Fisch mit Worcestersauce und dem Zitronensaft würzen und dann

Forelle in Rotwein.

gut durchziehen lassen.
Den Speck und die Zwiebeln fein würfeln und zusammen anbraten, das Tomatenmark kurz mitrösten und mit dem Wasser auffüllen.
Die Paprikaschoten und Gurken in Streifen schneiden, dazugeben, mit Salz, Pfeffer und Basilikum würzen und weich dünsten.
Die Margarine erhitzen, den Fisch darin braten.
Das Gemüse abschmecken und über den Fisch streichen.

1Person Foto S. 106/107

Eiweiß	Fett	KH	BE	kcal
28 g	7 g	4 g	—	200

Schollenfilet

1 Pers.	3 Pers.	Zutaten
140 g	420 g	Schollenfilet
1/2 TL	10 g	Margarine
5 g	15 g	Zitronensaft
Salz, Pfeffer, Worcestersauce, gehackte Petersilie		

Den Fisch mit Zitronensaft beträufeln und mit Salz, Pfeffer und Worcestersauce würzen und gut durchziehen lassen.
Die Margarine erhitzen und den Fisch von beiden Seiten darin schnell braten.
Mit Petersilie überstreuen.

1Person

Eiweiß	Fett	KH	BE	kcal
24 g	4 g	—	—	140

Seezunge in Weißwein

1 Pers.	3 Pers.	Zutaten
150 g	450 g	Seezungenfilet
40 g	120 g	Champignons aus der Dose
10 g	30 g	Sahne (28 % F.)
15 g	45 g	Zitronensaft
30 g	90 g	Weißwein
75 g	225 g	Wasser
10 g	30 g	Zwiebeln
1/2	1 1/2	Lorbeerblatt
1/2 ML	1 1/2 ML	Eindickungspulver
Salz, Pfeffer, Piment, gehackte Petersilie		

Den Fisch leicht klopfen und mit der Hälfte des Zitronensaftes und Salz würzen.
Die Champignons grob hacken, auf der Innenseite der Filets verteilen und diese zusammenrollen.
Die Zwiebeln grob hacken. Aus dem Wasser, dem Weißwein, Salz, Pfeffer, den Zwiebeln, dem Lorbeerblatt und Piment einen Sud kochen.
Wird die Seezunge selbst filiert, auch die Gräten für den Sud verwenden.
Die Fischröllchen in den nicht mehr kochenden Sud setzen und im geschlossenen Topf dünsten. Die Röllchen herausnehmen und warm stellen.
Den Sud durchsieben, mit dem Eindickungspulver und der Sahne binden, mit Salz und dem restlichen Zitronensaft abschmecken und über die Röllchen gießen. Petersilie darüberstreuen.

1Person

Eiweiß	Fett	KH	BE	kcal
27 g	7 g	2 g	—	200

Fischfrikadellen in Tomatensauce

1 Pers.	3 Pers.	Zutaten
150 g	450 g	Seefisch (z. Beispiel Kabeljau)
50 g	150 g	Tomatensaft
5 g	15 g	Zwiebeln
10 g	30 g	Vollei
1/2 TL	10 g	Semmelmehl
5 g	15 g	Margarine
15 g	45 g	Zitronensaft
Salz, Pfeffer, Schnittlauchröllchen		

Den Fisch mit einem Teil des Zitronensaftes und Salz einreiben und durch den Fleischwolf drehen. Die Zwiebeln hacken.
Den Fisch, die Zwiebeln, das Ei, Semmelmehl, Salz, Pfeffer und Schnittlauch zu einer pikanten Masse verarbeiten und Frikadellen formen.
Die Margarine erhitzen und die Frikadellen darin knusprig braten.
Den Tomatensaft erhitzen, mit dem

restlichen Zitronensaft, Salz und Pfeffer würzen und die Sauce über die gebratenen Frikadellen gießen.

1Person

Eiweiß	Fett	KH	BE	kcal
29 g	6 g	5 g	—	200

Forelle „blau“

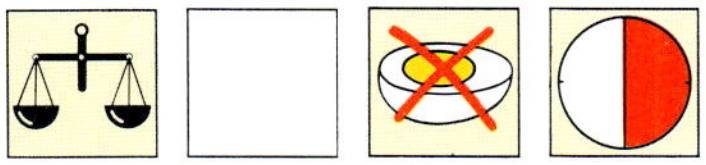

1 Pers.	3 Pers.	Zutaten
1	3	Forellen (je Stück etwa 200 g)
300 g	900 g	Wasser
15 g	45 g	Essig
10 g	30 g	Zwiebeln
1	3	Nelke(n)
$\frac{1}{2}$	$1\frac{1}{2}$	Lorbeerblatt
Salz		

Aus dem Wasser, Essig, Salz und der mit Lorbeerblatt und Nelke gespickten Zwiebel einen kräftigen Sud kochen.
Die Forelle darin kurz unter dem Siedepunkt gar ziehen lassen.

1Person Foto S. 106/107

Eiweiß	Fett	KH	BE	kcal
21 g	3 g	—	—	125

Fischfrikadellen in Tomatensauce (links).

Heringsfilet „Hausfrauenart“ (rechts).

Heringsfilet „Hausfrauenart“

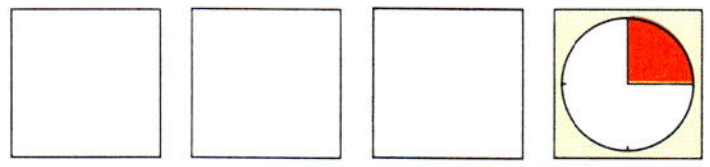

1 Pers.	3 Pers.	Zutaten
120 g	360 g	Heringsfilet (Matjesfilet)
50 g	150 g	Magerquark
20 g	60 g	Äpfel
20 g	60 g	Zwiebeln
15 g	45 g	Gewürzgurken
15 g	45 g	saure Sahne
30 g	90 g	Gurkenwasser
5 g	15 g	Zitronensaft
Salz, Pfeffer, gehackte Petersilie		

Aus dem Quark, der Sahne und dem Gurkenwasser eine Sauce rühren.
Die Äpfel, Zwiebeln und Gewürzgurken in feine Streifen schneiden und unter die Quarksauce mischen.
Das Heringsfilet darin einlegen und gut durchziehen lassen.
Mit Pfeffer, dem Zitronensaft und Salz abschmecken und Petersilie darüberstreuen.

1Person

Eiweiß	Fett	KH	BE	kcal
29 g	21 g	7 g	—	355

Maccairekartoffeln (vorn links auf Heber; Rezept S. 118),
Berner Rösti (vorn rechts; Rezept S. 116),
Tomatenkartoffeln (hinten links; Rezept S. 119),
Röstkartoffeln (hinten rechts; Rezept S. 119).

Beilagen

Diese Rezepte zeigen Ihnen, wie abwechslungsreich Beilagen sein können.
Die meisten Rezepte lassen sich bei der Zubereitung direkt so portionieren, daß die für den Diabetiker gedachte Menge beim Servieren ohne Schwierigkeiten erkennbar ist.
Nicht nur Kartoffeln lassen sich als kohlenhydrathaltige Beilage vielseitig gestalten, sondern auch Reis und Brot, z. B. als Semmelknödel, sind geeignet.

	g KH	BE	kcal	Seite
Berner Rösti	25	2	160	116
Bouillonkartoffeln	26	2	130	116
Herzoginkartoffeln	25	2	115	117
Kartoffeln*	23	2	110	
Kartoffelklöße	25	2	145	117
Kartoffelpüree	25	2	160	118

	g KH	BE	kcal	Seite
Lyoner Kartoffeln	26	2	145	118
Maccairekartoffeln	25	2	140	118
Risotto	24	2	140	118
Röstkartoffeln	25	2	150	119
Semmelknödel	25	2	190	118
Tomatenkartoffeln	25	2	125	119

***Kartoffeln 130 g:**

Dillkartoffeln: Salzkartoffeln mit Dill überstreuen.
Kartoffelschnee: Salzkartoffeln durch die Kartoffelpresse pressen.
Pellkartoffeln: Kartoffeln mit der Schale in Wasser kochen, pellen, wiegen.
Petersilienkartoffeln: Salzkartoffeln mit Petersilie überstreuen.
Salzkartoffeln: geschälte Kartoffeln in wenig Salzwasser kochen.
Würfelkartoffeln: geschälte Kartoffeln in entsprechend große Würfel schneiden, in Salzwasser oder im Eintopf garen.

Berner Rösti

1 Pers.	3 Pers.	Zutaten
130 g	390 g	Pellkartoffeln
10 g	30 g	Zwiebeln
5 g	15 g	roher Schinken
1/2 TL	10 g	Margarine
Salz, Pfeffer, gehackte Petersilie		

Die gekochten, kalten Kartoffeln grob raspeln. Mit Salz, Pfeffer und Petersilie würzen.
Den Schinken und die Zwiebeln in Würfel schneiden und in einer Pfanne in der erhitzten Margarine kurz anbraten. Die Kartoffeln dazugeben, mischen und leicht an den Pfannenboden drücken. Die Rösti goldgelb braten; wenn eine geschlossene Kruste entstanden ist, die Rösti wenden und auf der anderen Seite braten.

1Person

Eiweiß	Fett	KH	BE	kcal
4 g	4 g	25 g	2	160

Bouillonkartoffeln

1 Pers.	3 Pers.	Zutaten
130 g	390 g	Kartoffeln
10 g	30 g	Möhren
10 g	30 g	Porree
150 g	450 g	entfettete Fleischbrühe
Salz, Pfeffer, gehackte Petersilie		

Die Möhren und den Porree in feine Streifen schneiden, die Kartoffeln in etwa 2 cm große Würfel schneiden. Die Fleischbrühe mit Salz und Pfeffer kräftig abschmecken und zum Kochen bringen, die Gemüsestreifen und Kartoffelwürfel hineingeben und in einem geschlossenen Topf etwa 20 Minuten garen.
Mit Petersilie überstreut servieren.

1Person

Eiweiß	Fett	KH	BE	kcal
3 g	1 g	26 g	2	130

(V.l.n.r.): Herzoginkartoffeln, (Rezept S. 117) Bouillonkartoffeln, Berner Rösti.

Herzoginkartoffeln

1 Pers.	3 Pers.	Zutaten
130 g	390 g	Kartoffeln
10 g	30 g	Milch (1,5 % F.)
150 g	450 g	Salzwasser
Salz, Muskat, gehackte Petersilie		

Die Petersilie muß fein gehackt werden, damit sie nicht in der Tülle des Spritzbeutels hängenbleibt.
Die Kartoffeln im Salzwasser garen, abgießen und pürieren.
Das Kartoffelpüree mit der Milch glattrühren, mit Salz, Muskat und Petersilie würzen und in einen Spritzbeutel füllen.
Ein Backblech leicht einfetten und die Kartoffelmasse in zwei großen Tupfen daraufspritzen. Bei 200° C goldgelb überbacken.

1Person

Eiweiß	Fett	KH	BE	kcal
3 g	—	25 g	2	115

Kartoffelklöße

1 Pers.	3 Pers.	Zutaten
110 g	330 g	Kartoffeln
20 g	60 g	Vollei
5 g	15 g	Stärkemehl
450 g	1350 g	Salzwasser
Salz, Pfeffer, Muskat		

Die Kartoffeln in 1/3 des Salzwassers garen, das Wasser abgießen und die Kartoffeln dann kurz auf der Herdplatte abdampfen lassen.
Die Kartoffeln durch eine Presse oder durch ein Sieb drücken, mit dem Ei und Stärkemehl verrühren und mit Salz, Pfeffer und Muskat würzen.
Aus der Masse 2 kleine Klöße formen und in dem restlichen Salzwasser knapp unter dem Siedepunkt garen. Die Klöße sind gar, wenn sie oben schwimmen.

1Person

Eiweiß	Fett	KH	BE	kcal
5 g	2 g	25 g	2	145

Lyoner Kartoffeln (vorn; Rezept S. 118), Kartoffelklöße (hinten).

Kartoffelpüree

1 Pers.	3 Pers.	Zutaten
130 g	390 g	Salzkartoffeln
20 g	60 g	Milch (1,5 % F.)
5 g	15 g	Margarine
15 g	45 g	Kartoffelwasser
Salz, Muskat		

Die heißen Kartoffeln durch eine Kartoffelpresse drücken oder zerstampfen und mit der Milch, dem Kartoffelwasser und der Margarine kräftig verschlagen.
Mit Salz und Muskat abschmecken.

1Person

Eiweiß	Fett	KH	BE	kcal
3 g	4 g	25 g	2	160

Lyoner Kartoffeln

1 Pers.	3 Pers.	Zutaten
130 g	390 g	Kartoffeln
20 g	60 g	Zwiebeln
1/2 TL	10 g	Margarine
50 g	150 g	Wasser
Salz, Pfeffer, gehackte Petersilie		

Die rohen Kartoffeln in dünne Scheiben schneiden, waschen und abtrocknen.
Die Margarine erhitzen, die Kartoffelscheiben darin anbraten und mit Salz und Pfefffer würzen. In eine feuerfeste Form legen und im Backofen bei 200° C weitergaren.
Die Zwiebeln fein schneiden; nach 10 Minuten Garzeit zu den Kartoffeln geben, das Wasser dazugießen und die Lyoner Kartoffeln fertiggaren.
Mit Petersilie überstreuen.

1Person Foto S. 117

Eiweiß	Fett	KH	BE	kcal
3 g	3 g	26 g	2	145

Maccaire-kartoffeln

1 Pers.	3 Pers.	Zutaten
130 g	390 g	Salzkartoffeln
10 g	30 g	Zwiebeln
1/2 TL	10 g	Margarine
30 g	90 g	Wasser
Salz, Muskat, gehackte Petersilie, Schnittlauchröllchen		

Die heißen Kartoffeln pürieren.
Die Zwiebeln fein hacken, in dem Wasser dünsten und in das Kartoffelpüree rühren. Mit Salz, Muskat, Petersilie und Schnittlauch würzen.
Aus der Kartoffelmasse 2 Plätzchen formen, die Margarine erhitzen und die Plätzchen darin goldbraun braten.

1Person Foto S. 114

Eiweiß	Fett	KH	BE	kcal
3 g	3 g	25 g	2	140

Risotto

1 Pers.	3 Pers.	Zutaten
30 g	90 g	Reis
5 g	15 g	Zwiebeln
1/2 TL	10 g	Margarine
75 g	225 g	entfettete Fleischbrühe
Salz, Pfeffer, Lorbeerblatt		

Die Margarine erhitzen, die Zwiebeln hacken und in der Margarine glasig dünsten.
Mit der Fleischbrühe auffüllen, mit Salz, Pfeffer und Lorbeerblatt würzen, aufkochen lassen.
Den Reis hineinschütten, umrühren und in einem geschlossenen Topf etwa 20—25 Minuten garziehen lassen.

1Person

Eiweiß	Fett	KH	BE	kcal
2 g	3 g	24 g	2	140

Semmelknödel

1 Pers.	3 Pers.	Zutaten
45 g (35 g getr.)	135 g (105 g getr.)	Brötchen
30 g	90 g	Milch (1,5 % F.)
30 g	90 g	Vollei
300 g	900 g	Salzwasser
Salz, Pfeffer, gehackte Petersilie		

Das Brötchen möglichst schon am Vortag in dünne Scheiben schneiden und austrocknen lassen.
Die Milch erhitzen. Das Brötchen, die Milch und das Ei zu einem Teig verarbeiten, mit Salz, Pfeffer und Petersilie abschmecken und etwa fünf Minuten quellen lassen.
Aus der Masse 2 Knödel formen, ins kochende Salzwasser legen und kurz unter dem Siedepunkt etwa 20 Minuten garziehen lassen.

1Person

Eiweiß	Fett	KH	BE	kcal
9 g	5 g	25 g	2	190

Röstkartoffeln

1 Pers.	3 Pers.	Zutaten
130 g	390 g	Pellkartoffeln
5 g	15 g	Zwiebeln
5 g	15 g	Margarine
Salz		

Die gekochten, kalten Kartoffeln in Scheiben oder Würfel schneiden. Die Zwiebeln hacken.
Die Margarine erhitzen, die Zwiebeln und Kartoffeln dazugeben, salzen und unter häufigem Wenden rösten.

1Person Foto S. 114

Eiweiß	Fett	KH	BE	kcal
3 g	4 g	25 g	2	150

Tomatenkartoffeln

1 Pers.	3 Pers.	Zutaten
130 g	390 g	Salzkartoffeln
10 g	30 g	Tomaten ohne Haut und Kerne
5 g	15 g	Zwiebeln
5 g	15 g	gekochter Schinken
15 g	45 g	Wasser
Salz, Knoblauch, Oregano, gehackte Petersilie		

Die Kartoffeln in etwa 2 cm große Würfel schneiden.
Die Zwiebeln und den Schinken in kleine Würfel schneiden, in dem Wasser dünsten. Die Tomaten ebenfalls in kleine Würfel schneiden, zusammen mit den Zwiebel- und Schinkenwürfeln zu den Kartoffeln geben, durchschwenken und erwärmen.
Mit Salz, Knoblauch, Oregano und Petersilie abschmecken.

1Person Foto S. 114

Eiweiß	Fett	KH	BE	kcal
4 g	1 g	25 g	2	125

Semmelknödel.

Vordere Reihe (v.l.n.r.):
bayrisches Kraut (Rezept S. 123), französische Erbsen (Rezept S. 126),
Leipziger Allerlei (Rezept S. 127), Porree mit Schinken (Rezept S. 127).
Hinten: Sauerkraut (Rezept S. 128).

Gemüse

Wer sich gesund ernähren möchte, kann auf Gemüse nicht verzichten.
Auch für den Diabetiker stellen Gemüsegerichte einen wichtigen Teil der Hauptmahlzeit dar.
Jedoch sollte Gemüse nicht nur Pflichtanteil einer Mahlzeit sein. Die folgenden Rezepte geben Ihnen Anregungen für eine schmackhafte Zubereitung.
Kohlenhydratreiche Gemüsegerichte können im Austausch gegen Kartoffeln in die Mahlzeit mit eingeplant werden.
Es ist natürlich möglich, anstelle von Frischgemüse auch Naßkonserven (Dose, Glas) oder Tiefkühlgemüse zu verwenden; es ändern sich dann lediglich die Garzeiten je nach verwendetem Gemüse.

	g KH	BE	kcal	Seite
Apfel-Rotkohl	14	1/2	110	123
Bayrisches Kraut	9	—	120	123
Blattspinat	7	—	90	123
Blumenkohl „Mornay"	6	—	90	124
Brokkoli	10	—	110	124
Brokkoli „Polnische Art"	16	1/2	165	125
Champignons	3	—	30	125
Französische Erbsen	14	1	105	126
Grüne Bohnen mit Speck	9	—	85	126
Grünkohl	11	—	130	126

	g KH	BE	kcal	Seite
Leipziger Allerlei	12	1/2	75	127
Porree	13	1	80	127
Porree mit Schinken	12	1	120	127
Ratatouille	9	—	90	127
Sauerkraut	6	—	60	128
Schmorgurken	3	—	55	128
Stangenspargel	6	—	40	129
Überbackener Fenchel	12	1	180	129
Zucchini	10	—	70	129

Apfel-Rotkohl

1 Pers.	3 Pers.	Zutaten
150 g	450 g	Rotkohl
50 g	150 g	Äpfel
5 g	15 g	Zwiebeln
5 g	15 g	Margarine
75 g	225 g	Wasser
5 g	15 g	Essig
$^1/_2$	$1^1/_2$	Lorbeerblatt
1	3	Nelke(n)
Salz, Pfeffer, flüssiger Süßstoff		

Den Rotkohl in feine Streifen schneiden, die Äpfel grob würfeln, die Zwiebeln hacken.
Die Margarine erhitzen, die Apfel- und Zwiebelwürfel darin andünsten, den Rotkohl dazugeben, mit Salz, Pfeffer, dem Lorbeerblatt, der Nelke, dem Essig und Süßstoff würzen.

Apfel-Rotkohl, 3 Portionen.

Das Wasser hinzugießen und den Apfel-Rotkohl in einem geschlossenen Topf gar schmoren. Nochmals abschmecken.

1Person

Eiweiß	Fett	KH	BE	kcal
3 g	5 g	14 g	$^1/_2$	110

Bayrisches Kraut

1 Pers.	3 Pers.	Zutaten
200 g	600 g	Weißkohl
10 g	30 g	durchwachsener Speck
10 g	30 g	Zwiebeln
50 g	150 g	Wasser
5 g	15 g	Essig
Salz, Pfeffer, Kümmel		

Den Speck und die Zwiebeln in Würfel schneiden. Die Speckwürfel auslassen und die Zwiebelwürfel darin anrösten.
Den Weißkohl in Streifen schneiden, dazugeben, das Wasser hineingießen, mit Salz, Pfeffer und Kümmel würzen und das Kraut garen.
Vor dem Anrichten mit dem Essig abschmecken.

1Person Foto S. 120/121

Eiweiß	Fett	KH	BE	kcal
3 g	7 g	9 g	—	120

Blattspinat

1 Pers.	3 Pers.	Zutaten
200 g	600 g	frischer Spinat
5 g	15 g	Speck
5 g	15 g	Zwiebeln
300 g	900 g	Salzwasser
Salz, Muskat		

Das Salzwasser aufkochen, darin den Spinat blanchieren; dann auf einem Sieb abtropfen lassen.
Den Speck und die Zwiebeln würfeln. Die Speckwürfel auslassen, die Zwiebeln darin anrösten, den Spinat dazugeben, und in einem geschlossenen Topf garen.
Mit Salz und Muskat abschmecken.

1Person

Eiweiß	Fett	KH	BE	kcal
6 g	4 g	7 g	—	90

Blumenkohl „Mornay“

1 Pers.	3 Pers.	Zutaten
150 g	450 g	Blumenkohl
10 g	30 g	Parmesan
1/2 TL	10 g	Kondensmilch (7,5% F.)
60 g	180 g	entfettete Fleischbrühe
10 g	30 g	Zitronensaft
300 g	900 g	Salzwasser
1 ML	3 ML	Eindickungspulver
Salz, Pfeffer		

Das Salzwasser mit einem Teil des Zitronensaftes würzen, zum Kochen bringen und den Blumenkohl darin garen. Herausnehmen, abtropfen lassen und in eine feuerfeste Form setzen.

Die Fleischbrühe mit der Kondensmilch und dem Parmesan aufkochen, mit dem Eindickungspulver binden und mit Salz, Pfeffer und dem restlichen Zitronensaft würzen. Die Sauce über den Blumenkohl ziehen und bei starker Oberhitze überbacken.

1Person

Eiweiß	Fett	KH	BE	kcal
8 g	3 g	6 g	—	90

Blumenkohl „Mornay“.

Brokkoli

1 Pers.	3 Pers.	Zutaten
200 g	600 g	Brokkoli
10 g	30 g	Zwiebeln
5 g	15 g	Margarine
150 g	450 g	Salzwasser
Pfeffer, Muskat		

Den Brokkoli im kochenden Salzwasser garen, herausnehmen und abtropfen lassen; werden außer den Röschen auch die zarten Teile der Stiele verwendet, so müssen diese 5 Minuten früher in das Salzwasser gelegt werden.

Den gegarten Brokkoli mit etwas

Pfeffer und Muskat würzen.
Die Zwiebeln würfeln; die Margarine erhitzen, die Zwiebelwürfel darin rösten und über den Brokkoli geben.

1 Person

Eiweiß	Fett	KH	BE	kcal
7 g	4 g	10 g	—	110

Brokkoli „Polnische Art“

1 Pers.	3 Pers.	Zutaten
200 g	600 g	Brokkoli
10 g	30 g	Semmelbrösel
15 g	45 g	Ei (etwa $^{1}/_{4}$ Stunde gekocht)
5 g	15 g	Margarine
150 g	450 g	Salzwasser
30 g	90 g	Gemüsewasser
Salz, Pfeffer, Muskat, gehackte Petersilie		

Zuerst die zarten Teile der Stiele, nach 5 Minuten auch die Röschen in das kochende Salzwasser legen und garen. Den weichen Brokkoli herausnehmen, abtropfen lassen, mit Muskat würzen.
Die Margarine erhitzen, die Semmelbrösel darin kurz anrösten. Das Ei hacken und mit der Petersilie dazugeben, mit dem Gemüsewasser zu einer dicklichen Sauce rühren.
Die Sauce mit Salz und Pfeffer abschmecken und über den Brokkoli ziehen.

1 Person

Eiweiß	Fett	KH	BE	kcal
10 g	6 g	16 g	$^{1}/_{2}$	165

Champignons

1 Pers.	3 Pers.	Zutaten
100 g	300 g	Champignons
10 g	30 g	Weißwein
15 g	45 g	Wasser
Salz, Pfeffer, gehackte Petersilie		

Die Champignons je nach Größe halbieren oder vierteln und in dem Weißwein und dem Wasser im geschlossenen Topf gar dünsten. Mit Salz und Pfeffer würzen und Petersilie darüberstreuen.

1 Person

Eiweiß	Fett	KH	BE	kcal
3 g	—	3 g	—	30

Zucchini (vorn; Rezept S. 129), Brokkoli „Polnische Art“ (hinten).

Französische Erbsen

1 Pers.	3 Pers.	Zutaten
100 g	300 g	Erbsen aus der Dose
10 g	30 g	Perlzwiebeln
1	3	Kopfsalatherz(en)
5 g	15 g	Kondensmilch (7,5 % F.)
50 g	150 g	entfettete Fleischbrühe
1/4 ML	3/4 ML	Eindickungspulver
Salz, Pfeffer, flüssiger Süßstoff		

Die Fleischbrühe erhitzen, mit der Kondensmilch verrühren und mit dem Eindickungspulver binden.
Die Perlzwiebeln vierteln und mit den Erbsen in der Sauce erhitzen. Mit Pfeffer, Salz und nach Geschmack mit Süßstoff abschmecken.
Den Kopfsalat in feine Streifen schneiden und über das Gemüse streuen.

1Person Foto S. 120/121

Eiweiß	Fett	KH	BE	kcal
7 g	1 g	14 g	1	105

Grünkohl (vorn), Ratatouille (hinten; Rezept S. 127).

Grünkohl

1 Pers.	3 Pers.	Zutaten
200 g	600 g	Grünkohl
10 g	30 g	Zwiebeln
5 g	15 g	durchwachsener Speck
75 g	225 g	Wasser
Salz, Pfeffer, Muskat		

Den Grünkohl schneiden und waschen, den Speck würfeln, die Zwiebeln hacken.
Den Speck auslassen, die Zwiebeln darin anrösten, den Grünkohl dazugeben, salzen und pfeffern, das Wasser dazugießen und den Grünkohl garen.
Mit Muskat abschmecken.

1Person

Eiweiß	Fett	KH	BE	kcal
9 g	5 g	11 g	—	130

Grüne Bohnen mit Speck

1 Pers.	3 Pers.	Zutaten
200 g	600 g	grüne Bohnen aus der Dose
10 g	30 g	Zwiebeln
5 g	15 g	durchwachsener Speck
Salz, Pfeffer, Bohnenkraut, gehackte Petersilie		

Den Speck und die Zwiebeln in Würfel schneiden, den Speck auslassen und die Zwiebeln darin bräunen. Die Bohnen dazugeben, kurz mitbraten, mit Salz, Pfeffer und Bohnenkraut würzen und mit Petersilie überstreuen.

1Person

Eiweiß	Fett	KH	BE	kcal
3 g	3 g	9 g	—	85

Leipziger Allerlei

1 Pers.	3 Pers.	Zutaten
70 g	210 g	Möhren aus der Dose
50 g	150 g	Erbsen aus der Dose
60 g	180 g	Brechspargel aus der Dose
10 g	30 g	Champignons aus der Dose
Salz, Pfeffer, gehackte Petersilie		

Alle Gemüsesorten zusammen in wenig Gemüsewasser erhitzen. Mit Salz und Pfeffer würzen.
Vor dem Servieren Petersilie darüberstreuen.

1Person

Foto S. 120/121

Eiweiß	Fett	KH	BE	kcal
4 g	1 g	12 g	1/2	75

Porree

1 Pers.	3 Pers.	Zutaten
190 g	570 g	Porree
5 g	15 g	Zwiebeln
15 g	45 g	Wasser
50 g	150 g	entfettete Fleischbrühe
Salz, Muskat		

Den Porree in etwa 2 cm große Stücke schneiden, die Zwiebeln hacken.
Die Zwiebelwürfel in dem Wasser andünsten, den Porree dazugeben, mit der Fleischbrühe auffüllen, mit Salz und Muskat würzen und den Porree weich dünsten.

1Person

Eiweiß	Fett	KH	BE	kcal
4 g	1 g	13 g	—	80

Porree mit Schinken

1 Pers.	3 Pers.	Zutaten
190 g	570 g	Porree
20 g	60 g	gekochter Schinken
50 g	150 g	entfettete Fleischbrühe
Salz, Pfeffer, Muskat		

Den Porree in etwa 2 cm große Stücke schneiden.

Die Fleischbrühe erhitzen, mit Salz, Pfeffer und Muskat kräftig abschmecken, den Porree dazugeben und langsam garen.
Den Schinken in Streifen schneiden und vorsichtig mit dem Gemüse vermischen; nachwürzen.

1Person

Foto S. 120/121

Eiweiß	Fett	KH	BE	kcal
9 g	3 g	12 g	—	120

Ratatouille

1 Pers.	3 Pers.	Zutaten
60 g	180 g	Auberginen mit Schale
60 g	180 g	Zucchini mit Schale
20 g	60 g	Zwiebeln
50 g	150 g	Tomaten ohne Haut und Kerne
5 g	15 g	Margarine
50 g	150 g	Wasser
Salz, Pfeffer, Basilikum		

Die Auberginen und die Zucchini in Scheiben schneiden, die Zwiebeln in Streifen schneiden.
Die Margarine erhitzen, die Zwiebelstreifen darin dünsten. Die Auberginen- und Zucchinischeiben dazugeben, mit Salz, Pfeffer und Basilikum würzen. Das Wasser dazugießen und das Gemüse garen.
Die Tomaten grob würfeln, vorsichtig mit dem Gemüse vermischen, kurz aufkochen und abschmecken.

1Person

Eiweiß	Fett	KH	BE	kcal
2 g	5 g	9 g	—	90

Sauerkraut

1 Pers.	3 Pers.	Zutaten
150 g	450 g	Sauerkraut
5 g	15 g	durchwachsener Speck
5 g	15 g	Zwiebeln
75 g	255 g	Wasser
1/2	1 1/2	Lorbeerblatt
2	6	Wacholderbeeren
Salz, Pfeffer, flüssiger Süßstoff		

Den Speck und die Zwiebeln würfeln.
Die Speckwürfel auslassen und die Zwiebelwürfel darin bräunen. 2/3 des Sauerkrauts dazugeben, mit Salz, Pfeffer, dem Lorbeerblatt, den Wacholderbeeren und nach Geschmack mit Süßstoff würzen.
Das Wasser dazugießen und das Sauerkraut garen.
Das restliche Sauerkraut daruntermischen, kurz aufkochen und abschmecken.

1Person Foto S. 120/121

Eiweiß	Fett	KH	BE	kcal
3 g	2 g	6 g	—	60

Schmorgurken

1 Pers.	3 Pers.	Zutaten
200 g	600 g	Salatgurken mit Schale
5 g	15 g	Margarine
50 g	150 g	Wasser
Salz, Pfeffer, gehackter Dill		

Die Gurken schälen und halbieren; dann entkernen und in etwa 1 cm breite Stücke schneiden.
Die Margarine erhitzen und die Gurkenstücke darin andünsten. Mit Salz und Pfeffer würzen, das Wasser dazugießen und die Gurken weich schmoren.
Abschmecken und mit Dill überstreuen.

1Person

Eiweiß	Fett	KH	BE	kcal
1 g	4 g	3 g	—	55

Schmorgurken.

Stangenspargel

1 Pers.	3 Pers.	Zutaten
200 g	600 g	Spargel
300 g	900 g	Salzwasser
flüssiger Süßstoff		

Die Spargelstangen zu einem Bündel zusammenbinden.
Das Salzwasser mit wenig Süßstoff abschmecken, aufkochen, den Spargel hineinlegen und garen.

1 Person

Eiweiß	Fett	KH	BE	kcal
4 g	—	6 g	—	40

Überbackener Fenchel

1 Pers.	3 Pers.	Zutaten
130 g	390 g	Fenchel
10 g	30 g	gekochter Schinken
10 g	30 g	roher Schinken
10 g	30 g	Käse (40 % F.i.Tr.)
5 g	15 g	Parmesan
150 g	450 g	Salzwasser

Den Fenchel halbieren und in dem Salzwasser weich kochen, herausheben, gut abtropfen lassen und in eine feuerfeste Form legen.
Den Schinken in Streifen schneiden und den Käse fein würfeln.
Die Schinkenstreifen über die Fenchelhälften verteilen, die Käsewürfel mit dem Parmesan mischen und über die Schinkenstreifen streuen.
Im vorgeheizten Backofen bei starker Oberhitze überbacken, bis der Käse geschmolzen und leicht gebräunt ist.

1 Person

Eiweiß	Fett	KH	BE	kcal
11 g	10 g	12 g	—	180

Zucchini

1 Pers.	3 Pers.	Zutaten
150 g	450 g	Zucchini mit Schale
20 g	60 g	Zwiebeln
20 g	60 g	Weißwein
50 g	150 g	Wasser
Salz, Pfeffer, gehackte Petersilie		

Die Zucchini in dicke Scheiben schneiden, die Zwiebeln hacken.
Die Zucchinischeiben und die Zwiebelwürfel in dem Weißwein und dem Wasser dünsten. Mit Salz und Pfeffer kräftig abschmecken.
Vor dem Servieren mit Petersilie überstreuen.

1 Person Foto S. 125

Eiweiß	Fett	KH	BE	kcal
3 g	1 g	10 g	—	70

Überbackener Fenchel.

Bunter Blumenkohlsalat (vorn; Rezept S. 134).
Hintere Reihe (v.l.n.r.):
Chicoréesalat mit Orange (Rezept S. 140) und
Pusztasalat (Rezept S. 136) auf einer Schale,
Eisbergsalat in Käsedressing (Rezept S. 141),
Salat „Astor“ (Rezept S. 133),
Rote-Bete-Salat (Rezept S. 133).

Salate

Salate sollten, wenn es im Rezept nicht anders angegeben ist, immer erst kurz vor dem Servieren zubereitet werden. Sie liefern dem Körper wichtige Vitamine und Mineralstoffe und enthalten reichlich Ballaststoffe. Sie sind deshalb besonders sättigend. Man sollte sie täglich einplanen. Viele der folgenden Salatrezepte sind kalorienarm und können ohne Anrechnung der Kohlenhydrate (BE) verzehrt werden.

	g KH	BE	kcal	Seite
Artischockensalat	9	—	75	134
Auberginensalat	6	—	80	134
Bohnensalat	7	—	70	133
Bohnen-Paprika-Mais-Salat	10	1/2	80	137
Bohnen-Tomaten-Salat	6	—	65	133
Bunter Blumenkohlsalat	7	—	50	134
Chicoréesalat in Joghurt	3	—	25	133
Chicoréesalat mit Orange	9	1/2	50	140
Eisbergsalat in Käsedressing	1	—	45	141
Englischer Selleriesalat	7	—	110	136
Feldsalat	2	—	35	136
Gurkensalat „amerikanisch“	10	1/2	65	139
Gurkensalat in Joghurtdressing	5	—	35	139
Gurken-Kopfsalat in Kräuterdressing	4	—	40	139
Gurken-Radieschen-Salat	3	—	50	139
Gurken-Tomaten-Kopfsalat	3	—	65	140

	g KH	BE	kcal	Seite
Gurken-Tomaten-Paprika-Salat	5	—	60	140
Kopfsalat mit Joghurt	3	—	25	141
Korsischer Salat	8	—	75	137
Möhren-Apfel-Rohkost	14	1/2	105	141
Paprikasalat	8	—	75	141
Pusztasalat	8	—	75	136
Radieschensalat	3	—	45	142
Rettich-Apfel-Rohkost	9	1/2	55	142
Rettichsalat	4	—	50	137
Rote-Beete-Kopfsalat	8	—	40	136
Rote-Beete-Salat	12	—	60	133
Salat „Astor“	2	—	45	133
Sauerkrautsalat	7	—	70	140
Spargel-Champignon-Salat	5	—	150	143
Waldorfsalat	14	1/2	110	143

Bohnen-Tomaten-Salat

1 Pers.	3 Pers.	Zutaten
75 g	220 g	Brechbohnen aus der Dose
80 g	250 g	Tomaten
5 g	15 g	Zwiebeln
1/2 TL	10 g	Öl
Essig, Salz, Pfeffer, gehackte Petersilie		

Die Tomaten achteln, die Zwiebeln würfeln. Alle Gemüse in einer Marinade aus dem Öl, Essig, Salz, Pfeffer und Petersilie gut durchziehen lassen.

1Person

Eiweiß	Fett	KH	BE	kcal
2 g	3 g	6 g	—	65

Bohnensalat

1 Pers.	3 Pers.	Zutaten
150 g	450 g	Brechbohnen aus der Dose
10 g	30 g	Zwiebeln
1/2 TL	10 g	Öl
15 g	45 g	Wasser
Essig, Salz, Pfeffer, gehackte Petersilie		

Die Zwiebeln hacken. Eine Marinade aus Essig, dem Wasser, den Zwiebelwürfeln, Salz und Pfeffer rühren. Die Bohnen mit der Marinade vermischen und einige Stunden durchziehen lassen.

Überschüssige Marinade abgießen, das Öl daruntermischen, abschmecken und Petersilie über den Salat streuen.

1Person

Eiweiß	Fett	KH	BE	kcal
2 g	3 g	7 g	—	70

Chicoréesalat in Joghurt

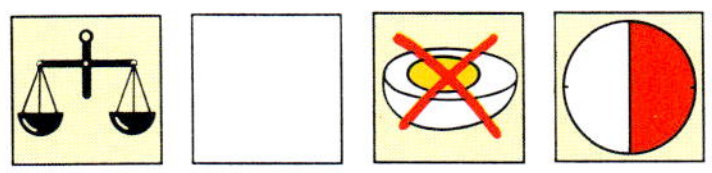

1 Pers.	3 Pers.	Zutaten
100 g	300 g	Chicorée
20 g	60 g	Magerjoghurt
15 g	45 g	Wasser
5 g	15 g	Zitronensaft
Salz, Pfeffer, flüssiger Süßstoff, gehackte Petersilie		

Den Chicorée in etwa 1/2 cm breite Streifen schneiden.
Aus dem Joghurt, Wasser, Salz, Pfeffer, dem Zitronensaft und Süßstoff eine Sauce rühren.
Die Chicoréestreifen mit der Sauce vermischen und Petersilie darüberstreuen.

1Person

Eiweiß	Fett	KH	BE	kcal
2 g	—	3 g	—	25

Salat „Astor"

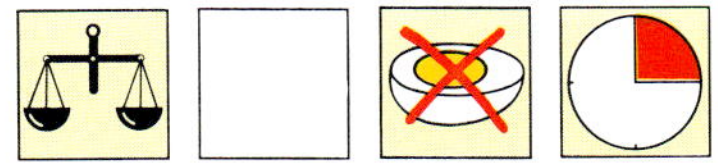

1 Pers.	3 Pers.	Zutaten
20 g	60 g	Kopfsalat
20 g	60 g	Gewürzgurken
10 g	30 g	rote eingelegte Paprikaschoten
20 g	60 g	saure Sahne
Salz, Pfeffer, Essig, Schnittlauchröllchen		

Aus der Sahne, Salz, Pfeffer, Essig und Schnittlauch eine Sauce herstellen.
Die Paprikaschoten in Streifen schneiden, die Gewürzgurken fein hacken. Mit der Sauce vermischen und über den Kopfsalat gießen.

1Person Foto S. 130/131

Eiweiß	Fett	KH	BE	kcal
1 g	4 g	2 g	—	45

Rote-Bete-Salat

1 Pers.	3 Pers.	Zutaten
150 g	450 g	rote Bete (gegart)
10 g	30 g	Zwiebeln
300 g	900 g	Salzwasser
150 g	450 g	Wasser
Salz, Pfeffer, Lorbeerblatt, Essig, flüssiger Süßstoff		

Die rote Bete in Salzwasser garen und die Haut abziehen. Dann abwiegen und in Scheiben schneiden.
Die Zwiebeln in Streifen schneiden.

Eine Marinade aus dem Wasser, Salz, Pfeffer, Lorbeerblatt, Essig und Süßstoff herstellen. Die rote Bete und die Zwiebelstreifen darin einige Stunden durchziehen lassen. Vor dem Servieren die rote Bete und die Zwiebelstreifen aus der Marinade nehmen.

1Person Foto S. 130/131

Eiweiß	Fett	KH	BE	kcal
2 g	—	12 g	—	60

Artischockensalat

1 Pers.	3 Pers.	Zutaten
50 g	150 g	Artischocken aus der Dose (Boden oder Herz)
30 g	90 g	Tomaten ohne Kerne
20 g	60 g	grüne Paprikaschoten
10 g	30 g	Zwiebeln
1/2 TL	10 g	Öl
Essig, Salz, Pfeffer, gehackte Petersilie, Schnittlauchröllchen		

Die Artischocken, die Tomaten, Paprikaschoten und Zwiebeln in Streifen schneiden — wenn Artischockenherzen verwendet werden, diese vierteln.
Aus dem Öl, Essig, Salz, Pfeffer, Petersilie und Schnittlauch eine Marinade herstellen und die Gemüsestreifen darin gut durchziehen lassen.

1Person

Eiweiß	Fett	KH	BE	kcal
2 g	3 g	9 g	—	75

Auberginensalat

1 Pers.	3 Pers.	Zutaten
50 g	150 g	Auberginen mit Schale
70 g	210 g	Tomaten
10 g	30 g	Zwiebeln
5 g	15 g	Öl
45 g	135 g	Wasser
Essig, Pfeffer, Salz, Knoblauch, gehackte Petersilie		

Die Auberginen in Scheiben schneiden, das Öl erhitzen und darin weich braten. Das Wasser dazugießen.
Die Auberginenscheiben mit der Flüssigkeit in eine Schüssel füllen, Essig, Pfeffer, Salz und Knoblauch dazugeben und die Auberginen darin mindestens 1 Stunde marinieren.
Die Zwiebeln in feine Würfel, die Tomaten in Achtel schneiden und mit den Auberginenscheiben vorsichtig mischen.
Den Salat abschmecken und Petersilie darüberstreuen.

1Person

Eiweiß	Fett	KH	BE	kcal
1 g	5 g	6 g	—	80

Bunter Blumenkohlsalat

1 Pers.	3 Pers.	Zutaten
100 g	300 g	Blumenkohlröschen
10 g	30 g	Erbsen aus der Dose
10 g	30 g	Möhren
30 g	90 g	Magerjoghurt
150 g	450 g	Salzwasser
1/4	3/4	Zitrone
Essig, Salz, Pfeffer, Knoblauch, gehackte Petersilie, gehackter Dill, Schnittlauchröllchen		

Die Zitrone in Scheiben schneiden. Die Möhren in Salzwasser kochen und in Streifen schneiden.
Die Blumenkohlröschen ebenfalls in Salzwasser mit den Zitronenscheiben weich kochen, herausheben, abtropfen und abkühlen lassen.
Aus dem Joghurt, Essig, Gewürzen und Kräutern eine Sauce rühren, mit den Erbsen und Möhrenwürfeln mischen und über den Blumenkohl geben.

1Person

Eiweiß	Fett	KH	BE	kcal
4 g	—	7 g	—	50

Bunter Blumenkohlsalat (links), Artischockensalat (rechts), Auberginensalat (hinten).

Pusztasalat

1 Pers.	3 Pers.	Zutaten
100 g	300 g	Weißkohl
40 g	120 g	grüne Paprikaschoten
10 g	30 g	Möhren
10 g	30 g	Zwiebeln
150 g	450 g	Salzwasser
1/2 TL	10 g	Öl
Essig, Salz, Pfeffer, gehackte Petersilie		

Den Weißkohl in feine Streifen schneiden, im Salzwasser blanchieren, abgießen und abkühlen lassen. Die Paprikaschoten, Möhren und Zwiebeln in Streifen schneiden und mit dem Weißkohl mischen.
Aus dem Öl, Essig, Salz und Pfeffer eine Sauce rühren und die Gemüse darin gut durchziehen lassen.
Vor dem Anrichten Petersilie über den Salat streuen.

1 Person Foto S. 130/131

Eiweiß	Fett	KH	BE	kcal
2 g	3 g	8 g	—	75

Feldsalat

1 Pers.	3 Pers.	Zutaten
40 g	120 g	Feldsalat
10 g	30 g	saure Sahne
10 g	30 g	Magerjoghurt
5 g	15 g	Zwiebeln
Essig, Salz, Pfeffer, flüssiger Süßstoff		

Die Zwiebeln fein hacken. Aus der Sahne, dem Joghurt, den Zwiebelwürfeln, Essig, Salz und Pfeffer eine Sauce herstellen und nach Geschmack mit Süßstoff abschmecken. Die Sauce erst kurz vor dem Anrichten mit dem Feldsalat vermischen.

1 Person

Eiweiß	Fett	KH	BE	kcal
2 g	2 g	2 g	—	35

Rote-Bete-Kopfsalat

1 Pers.	3 Pers.	Zutaten
75 g	225 g	rote Bete (gegart)
15 g	45 g	Zwiebeln
20 g	60 g	Kopfsalat
300 g	900 g	Salzwasser
75 g	225 g	Wasser
Salz, Pfeffer, Lorbeerblatt, Essig, Süßstoff		

Die rote Bete in Salzwasser garen und die Haut abziehen. Dann abwiegen und in Scheiben schneiden.
Die Zwiebeln in Streifen schneiden.
Aus dem Wasser, Salz, Pfeffer, Lorbeerblatt, Essig und Süßstoff eine Marinade rühren und die rote Bete mit den Zwiebelstreifen darin einige Stunden durchziehen lassen.
Vor dem Servieren die rote Bete in einem Teil der Marinade mit dem Kopfsalat mischen.

1 Person

Eiweiß	Fett	KH	BE	kcal
2 g	—	8 g	—	40

Englischer Selleriesalat

1 Pers.	3 Pers.	Zutaten
100 g	300 g	Staudensellerie
20 g	60 g	Birnen
20 g	60 g	Tomaten
20 g	60 g	gekochter Schinken
20 g	60 g	Ei (etwa 1/4 Std. gekocht)
15 g	45 g	Wasser
Essig, Salz, Pfeffer, gehackte Petersilie		

Den Staudensellerie in etwa 2 cm große Stücke schneiden. Die Birnen, den Schinken, die Tomaten und das Ei in feine Streifen schneiden.
Aus Essig, dem Wasser, Salz, Pfeffer und Petersilie eine Marinade rühren.
Die zerkleinerten Zutaten in der Marinade gut durchziehen lassen.

1 Person

Eiweiß	Fett	KH	BE	kcal
8 g	5 g	7 g	—	110

Englischer Selleriesalat.

Bohnen-Paprika-Mais-Salat

1 Pers.	3 Pers.	Zutaten
75 g	220 g	Brechbohnen aus der Dose
30 g	90 g	Mais aus der Dose
30 g	90 g	rote Paprikaschoten
10 g	30 g	Zwiebeln
1/2 TL	10 g	Öl
Essig, Salz, Pfeffer, gehacktes Bohnenkraut, gehackte Petersilie		

Die Paprikaschoten und die Zwiebeln in sehr feine Streifen schneiden und zusammen mit den Bohnen und dem Mais in einer Marinade aus dem Öl, Essig, Salz, Pfeffer und Kräutern gut durchziehen lassen.

1Person

Eiweiß	Fett	KH	BE	kcal
2 g	3 g	10 g	1/2	80

Korsischer Salat

1 Pers.	3 Pers.	Zutaten
50 g	150 g	Brechbohnen aus der Dose
30 g	90 g	grüne Paprikaschoten
50 g	150 g	Tomaten ohne Kerne
20 g	60 g	Erbsen aus der Dose
5 g	15 g	Zwiebeln
1/2 TL	10 g	Öl
Essig, Salz, Pfeffer, gehackte Petersilie, gehackte Pimpinelle		

Die Paprikaschoten, Tomaten und Zwiebeln in Streifen schneiden.
Das Öl mit Essig, Salz, Pfeffer und den Kräutern zu einer Sauce verrühren, mit dem Gemüse mischen und den Salat durchziehen lassen.

1Person

Eiweiß	Fett	KH	BE	kcal
3 g	3 g	8 g	—	75

Rettichsalat

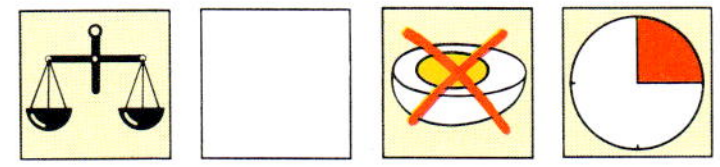

1 Pers.	3 Pers.	Zutaten
100 g	300 g	Rettich
1/2 TL	10 g	Öl
Essig, Salz, Pfeffer, gehackte Petersilie		

Den Rettich raspeln, mit Essig, Salz und Pfeffer würzen, durchziehen lassen. Das Öl daruntermischen.
Vor dem Servieren mit Petersilie garnieren.

1Person

Eiweiß	Fett	KH	BE	kcal
1 g	3 g	4 g	—	50

Korsischer Salat (vorn), Bohnen-Paprika-Mais-Salat (hinten).

Gurkensalat „amerikanisch"

1 Pers.	3 Pers.	Zutaten
130 g	400 g	Salatgurken
20 g	60 g	Orangen
20 g	60 g	Äpfel
20 g	60 g	Sellerie
30 g	90 g	Magerjoghurt
5 g	15 g	Tomatenmark
1/2 TL	10 g	Weinbrand
15 g	45 g	Zitronensaft
Salz, Pfeffer, flüssiger Süßstoff		

Die Gurken und die Orangen in grobe Streifen schneiden, die Äpfel und den Sellerie raspeln. Alles mischen, salzen und in dem Zitronensaft marinieren.
Den Joghurt mit dem Tomatenmark, Weinbrand, Salz und Pfeffer zu einer Sauce verrühren und nach Geschmack mit Süßstoff abrunden.
Die Sauce über den Salat geben und gleich servieren.

1 Person

Eiweiß	Fett	KH	BE	kcal
3 g	1 g	10 g	1/2	65

(Im Uhrzeigersinn, oben Mitte beginnend): Gurkensalat „amerikanisch", Gurken-Kopfsalat in Kräuterdressing, Gurken-Tomaten-Kopfsalat (Rezept S. 140), Gurken-Tomaten-Paprika-Salat (Rezept S. 140), Gurken-Radieschen-Salat, Gurkensalat in Joghurtdressing.

Gurkensalat in Joghurtdressing

1 Pers.	3 Pers.	Zutaten
170 g	500 g	Salatgurken
15 g	45 g	Zwiebeln
10 g	30 g	rote Paprikaschoten
10 g	30 g	Magerjoghurt
10 g	30 g	Trinksauermilch
Essig, Salz, Pfeffer, gehackter Dill		

Die Gurken in Scheiben schneiden, die Zwiebeln und die Paprikaschoten fein würfeln.
Aus dem Joghurt, der Sauermilch, Essig, Salz, Pfeffer und Dill eine Sauce rühren und mit den Salatzutaten vermischen.

1 Person

Eiweiß	Fett	KH	BE	kcal
2 g	—	5 g	—	35

Gurken-Kopfsalat in Kräuterdressing

1 Pers.	3 Pers.	Zutaten
100 g	300 g	Salatgurken
5 g	15 g	Zwiebeln
30 g	90 g	Kopfsalat
30 g	90 g	Kefir
Salz, Pfeffer, Essig		
Borretsch, Dill, Petersilie, Pimpinelle, Schnittlauchröllchen, Zitronenmelisse } gehackt		

Die Gurken in Scheiben schneiden, die Zwiebeln hacken.
Aus dem Kefir, den Zwiebelwürfeln, Salz, Pfeffer, Essig und Kräutern eine Sauce herstellen und die Gurkenscheiben darin einige Minuten durchziehen lassen.
Kurz vor dem Anrichten den Kopfsalat darunterheben.

1 Person

Eiweiß	Fett	KH	BE	kcal
2 g	1 g	4 g	—	40

Gurken-Radieschen-Salat

1 Pers.	3 Pers.	Zutaten
100 g	300 g	Salatgurken
30 g	90 g	Radieschen
20 g	60 g	Kopfsalat
5 g	15 g	Zwiebeln
1/2 TL	10 g	Öl
Salz, Pfeffer, Essig		
Dill, Petersilie, Zitronenmelisse } gehackt		

Die Gurken und die Radieschen in Scheiben schneiden, die Zwiebeln hacken.
Aus dem Öl, Salz, Pfeffer, Essig, den Zwiebelwürfeln und Kräutern eine Sauce rühren, die Gurken- und Radieschenscheiben darin einige Minuten durchziehen lassen.
Kurz vor dem Anrichten den Kopfsalat darunterheben.

1 Person

Eiweiß	Fett	KH	BE	kcal
1 g	3 g	3 g	—	50

Gurken-Tomaten-Kopfsalat

1 Pers.	3 Pers.	Zutaten
50 g	150 g	Salatgurken
50 g	150 g	Tomaten
20 g	60 g	Kopfsalat
5 g	15 g	Zwiebeln
5 g	15 g	Öl
15 g	45 g	Wasser
Essig, Salz, Pfeffer, gehackte Petersilie, gehackter Dill, flüssiger Süßstoff		

Die Gurken und die Tomaten in Scheiben schneiden, die Kopfsalatblätter je nach Größe zerkleinern. Die Zwiebeln fein hacken.
Aus dem Öl, Wasser, Essig, Salz, Pfeffer, den Zwiebelwürfeln und Kräutern eine Sauce mischen und nach Geschmack mit Süßstoff abschmecken.
Die Gurken- und Tomatenscheiben und zuletzt die Salatblätter vorsichtig mit der Sauce vermischen.

1Person Foto S. 138

Eiweiß	Fett	KH	BE	kcal
1 g	5 g	3 g	—	65

Gurken-Tomaten-Paprika-Salat

1 Pers.	3 Pers.	Zutaten
100 g	300 g	Salatgurken m. Schale
40 g	120 g	Tomaten ohne Kerne
40 g	120 g	grüne Paprikaschoten
5 g	15 g	Zwiebeln
1/2 TL	10 g	Öl
Essig, Salz, Pfeffer, gehackte Petersilie, gehackter Dill		

Die Gurken schälen. Die Gurken, Tomaten, Paprikaschoten und Zwiebeln in Streifen schneiden.
In einer Marinade aus dem Öl, Essig, Salz, Pfeffer und Kräutern durchziehen lassen.

1Person Foto S. 138

Eiweiß	Fett	KH	BE	kcal
2 g	3 g	5 g	—	60

Chicoréesalat mit Orange

1 Pers.	3 Pers.	Zutaten
80 g	250 g	Chicorée
70 g	210 g	Orangen m. Schale
20 g	60 g	Magerjoghurt
15 g	45 g	Wasser
1/2 TL	10 g	Zitronensaft
Salz		

Den Chicorée in etwa 1/2 cm breite Streifen schneiden, die Orangen schälen und filieren, beides miteinander mischen.
Aus dem Joghurt, Wasser, Zitronensaft und Salz eine Sauce herstellen und über den Salat gießen.

1Person Foto S. 130/131

Eiweiß	Fett	KH	BE	kcal
2 g	—	9 g	1/2	50

Sauerkrautsalat

1 Pers.	3 Pers.	Zutaten
75 g	225 g	Sauerkraut
30 g	90 g	Tomaten ohne Kerne
30 g	90 g	grüne Paprikaschoten
30 g	90 g	Gewürzgurken
5 g	15 g	Zwiebeln
1/2 TL	10 g	Öl
Salz, Pfeffer, Essig, flüssiger Süßstoff, gehackte Petersilie		

Die Tomaten, Paprikaschoten, Gewürzgurken und Zwiebeln in Streifen schneiden, das Sauerkraut hacken.
Alles zusammen mit dem Öl vermischen. Mit Salz, Pfeffer, Essig und Süßstoff würzen und mit Petersilie bestreuen.

1Person

Eiweiß	Fett	KH	BE	kcal
2 g	3 g	7 g	—	70

Möhren-Apfel-Rohkost

1 Pers.	3 Pers.	Zutaten
70 g	210 g	Möhren
50 g	150 g	Äpfel
30 g	90 g	Magerjoghurt
5 g	15 g	Mayonnaise (80 % F.)
5 g	15 g	Zitronensaft
flüssiger Süßstoff		

Aus dem Joghurt, der Mayonnaise, dem Zitronensaft und Süßstoff eine Sauce herstellen.
Die Möhren und die Äpfel in die Sauce raspeln und daruntermengen.

1 Person

Eiweiß	Fett	KH	BE	kcal
2 g	5 g	14 g	1/2	105

Möhren-Apfel-Rohkost.

Paprikasalat

1 Pers.	3 Pers.	Zutaten
150 g	450 g	rote, grüne und gelbe Paprikaschoten
150 g	450 g	Salzwasser
10 g	30 g	Zwiebeln
1/2 TL	10 g	Öl
Essig, Salz, Pfeffer		

Die Paprikaschoten in feine Streifen schneiden und im Salzwasser blanchieren. Abgießen, abkühlen lassen. Die Zwiebeln in Ringe schneiden und mit den Paprikaschoten mischen.
Aus dem Öl, Essig, Salz und Pfeffer eine Marinade rühren, darübergießen und den Salat gut durchziehen lassen.

1 Person

Eiweiß	Fett	KH	BE	kcal
2 g	4 g	8 g	—	75

Kopfsalat mit Joghurt

1 Pers.	3 Pers.	Zutaten
40 g	120 g	Kopfsalat
20 g	60 g	Magerjoghurt
Essig, Salz, Pfeffer		
Dill, Kerbel, Petersilie, Schnittlauchröllchen } gehackt		

Den Joghurt mit Essig, Salz, Pfeffer und den Kräutern zu einer Sauce verrühren.
Die Kopfsalatblätter je nach Größe zerkleinern und mit der Sauce vermischen.

1 Person

Eiweiß	Fett	KH	BE	kcal
3 g	—	3 g	—	25

Eisbergsalat in Käsedressing

1 Pers.	3 Pers.	Zutaten
50 g	150 g	Eisbergsalat
20 g	60 g	Hüttenkäse
10 g	30 g	saure Sahne
Salz, Pfeffer, Essig, Paprika, gehackte Petersilie, Schnittlauchröllchen		

Den Eisbergsalat in etwa 1/2 cm breite Streifen schneiden.
Aus dem Hüttenkäse, der Sahne, Salz, Pfeffer, Essig, Paprika, Petersilie und Schnittlauch eine Sauce herstellen und den Salat gründlich damit mischen.

1 Person Foto S. 130/131

Eiweiß	Fett	KH	BE	kcal
4 g	3 g	1 g	—	45

Radieschensalat

1 Pers.	3 Pers.	Zutaten
70 g	200 g	Radieschen
5 g	15 g	Zwiebeln
1/2 TL	10 g	Öl
Essig, Salz, Pfeffer, Schnittlauchröllchen		

Die Radieschen in dünne Scheiben schneiden; die Zwiebeln fein hacken und dazugeben.
Aus dem Öl, Essig, Salz, Pfeffer und Schnittlauch eine Sauce rühren und mit den Radieschenscheiben und Zwiebelwürfeln mischen.

1Person

Eiweiß	Fett	KH	BE	kcal
1 g	3 g	3 g	—	45

Rettich-Apfel-Rohkost

1 Pers.	3 Pers.	Zutaten
80 g	250 g	Rettich
40 g	120 g	Äpfel
20 g	60 g	Kefir
Salz, Zitronensaft, flüssiger Süßstoff		

Den Kefir mit Zitronensaft und Süßstoff abschmecken.
In die Sauce den Rettich und die Äpfel raspeln und eventuell mit Salz abschmecken.

1Person

Eiweiß	Fett	KH	BE	kcal
2 g	1 g	9 g	1/2	55

Radieschensalat (links), Rettich-Apfel-Rohkost (rechts).

Waldorfsalat

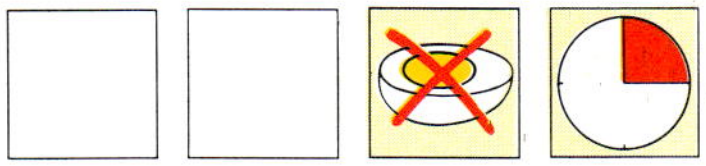

1 Pers.	3 Pers.	Zutaten
80 g	250 g	Sellerie
50 g	150 g	Äpfel
30 g	90 g	Magerjoghurt
5 g	15 g	Mayonnaise (80 % F.)
15 g	45 g	Zitronensaft
1	3	Walnüsse
flüssiger Süßstoff		

Die Walnüsse grob hacken. Den Sellerie und die Äpfel in sehr feine Streifen schneiden und mit dem Zitronensaft beträufeln.
Aus dem Joghurt und der Mayonnaise eine Sauce rühren. Die Sellerie- und Apfelstreifen damit vermischen und den Salat eventuell mit Süßstoff abschmecken.
Mit den Walnüssen garnieren.

1Person

Eiweiß	Fett	KH	BE	kcal
3 g	5 g	14 g	1/2	110

Spargel-Champignon-Salat

1 Pers.	3 Pers.	Zutaten
150 g	450 g	Spargel aus der Dose
30 g	90 g	Champignons aus der Dose
20 g	60 g	saure Sahne
10 g	30 g	Mayonnaise (80 % F.)
Salz, Zitronensaft, gehackte Zitronenmelisse, gehackte Petersilie		

Den Spargel in etwa 3 cm große Stücke schneiden, die Champignons je nach Größe halbieren oder vierteln.
Aus der Sahne, Mayonnaise, Zitronensaft, Salz und den Kräutern eine Sauce rühren. Mit dem Gemüse vermengen und durchziehen lassen.

1Person

Eiweiß	Fett	KH	BE	kcal
4 g	12 g	5 g	—	150

Waldorfsalat (vorn), Spargel-Champignon-Salat (hinten).

Vordere Reihe (v.l.n.r.): Apfel-Quark-Auflauf (Rezept S. 148), Schinkentoast (Rezept S. 157) und Würstchen im Teig (Rezept S. 148). Hintere Reihe (v.l.n.r.): dänischer Nudelsalat (Rezept S. 148), Münsterländer Quark (Rezept S. 157), mexikanischer Fleischsalat (Rezept S. 156), je 1 Portion.

Kleine Gerichte

Einige der folgenden Gerichte sind kohlenhydratreich, so daß sie gegen Kartoffeln oder Brot ausgetauscht werden müssen. Andere Gerichte ersetzen sozusagen den Aufschnitt, z.B. Fleischsalat zum Brot. Um die Auflaufrezepte gleich portionsweise zuzubereiten, sollten Sie sich kleine, hitzebeständige Förmchen aus Keramik oder aus Aluminiumfolie beschaffen.

	g KH	BE	kcal	Seite
Apfel-Quark-Auflauf	16	1	175	148
Auberginenauflauf	11	—	115	147
Auberginensalat „Madrid"	6	—	155	147
Badischer Fleischsalat	5	—	185	149
Bunte Gemüsesülze	6	—	45	150
Chicorée „Mailänder Art"	5	—	290	152
Chicoréetoast	16	1	230	152
Dänischer Nudelsalat	25	2	220	148
Eiersalat	4	—	220	153
Fenchelsalat	12	1/2	130	149
Fischsalat	4	—	125	164
Geflügelsalat	3	—	150	148
Geflügelsalat „Oriental"	8	1/2	130	155
Geflügelsülze	6	—	145	150
Italienischer Toast	16	1	270	154
Italienischer Wurstsalat	3	—	140	157
Jägertoast	13	1	190	156
Käsesalat	2	—	185	156
Kalbfleischsülze	2	—	115	158
Kartoffelsalat	26	2	205	158
Krabbencocktail	4	—	80	159
Mariniertes Fischfilet in Currymayonnaise	1	—	145	164

	g KH	BE	kcal	Seite
Mexikanischer Fleischsalat	8	1/2	230	156
Milchreis	22	2	200	162
Münsterländer Quark	3	—	75	157
Nudelauflauf mit Tomatensauce	23	2	260	161
Pizza	39	3	415	156
Pochiertes Ei „dänisch"	4	—	145	152
Porridge	39	3	300	156
Quarkauflauf mit Kirschen	16	1	180	160
Ragout fin	2	—	135	162
Reissalat	27	2	320	157
Schinkentoast	14	1	190	157
Schweinefilet in Aspik	2	—	150	150
Spargeltoast	14	1	225	153
Teufelssalat	4	—	150	162
Toast „Williams"	19	1 1/2	295	161
Tomatentoast	14	1	190	155
Ungarischer Fleischsalat	5	—	155	153
Wachsbohnensalat mit Schinken	9	—	125	164
Westfälischer Salat	4	—	195	153
Würstchen im Teig	13	1	355	148

Auberginenauflauf

1 Pers.	3 Pers.	Zutaten
120 g	360 g	Auberginen mit Schale
100 g	300 g	Tomaten
20 g	60 g	Zwiebeln
5 g	15 g	Margarine
5 g	15 g	Parmesan
300 g	900 g	Salzwasser
Salz, Pfeffer, Knoblauch, Oregano		

Die Auberginen in fingerdicke Scheiben schneiden und in dem Salzwasser blanchieren. Abtropfen lassen.
Die Zwiebeln in Ringe schneiden; die Margarine erhitzen und darin die Zwiebelringe andünsten. Die Tomaten grob würfeln, dazugeben und zu einer Sauce einkochen.
Mit Salz, Pfeffer, Knoblauch und Oregano würzen.
Die Auberginenscheiben und die Sauce abwechselnd in eine feuerfeste Form füllen, mit dem Parmesan überstreuen und bei 200° C etwa 10 Minuten im Backofen backen.

1Person

Eiweiß	Fett	KH	BE	kcal
5 g	6 g	11 g	—	115

Auberginensalat „Madrid“

1 Pers.	3 Pers.	Zutaten
70 g	210 g	Auberginen mit Schale
60 g	180 g	Tomaten ohne Kerne
40 g	120 g	gekochter Schinken
20 g	60 g	gekochtes Ei
300 g	900 g	Salzwasser
15 g	45 g	Magerjoghurt
Essig, Salz, Pfeffer, gehackte Petersilie, Schnittlauchröllchen		

Die Auberginen grob würfeln und in dem Salzwasser blanchieren.
Abtropfen lassen.
Den Schinken, das Ei und die Tomaten würfeln und vorsichtig mit den Auberginen mischen.
Aus dem Joghurt, Essig, Salz, Pfeffer und den Kräutern eine Sauce rühren und den Salat darin gut durchziehen lassen.

1Person

Eiweiß	Fett	KH	BE	kcal
13 g	8 g	6 g	—	155

Auberginenauflauf (vorn), Auberginensalat „Madrid“ (hinten).

Würstchen im Teig

1 Pers.	3 Pers.	Zutaten
50 g	150 g	Quarkblätterteig (s. Grundrezept S. 211)
50 g	150 g	Würstchen (z.B. Wiener)
5 g	15 g	Vollei

Den Blätterteig nach dem Grund rezept herstellen und rechteckig ausrollen, das Würstchen darin einwickeln, die Teigenden umschlagen und andrücken.
Das Teigstück dünn mit Ei bestreichen und bei 200° C im Backofen etwa 20 Minuten backen.

1Person Foto S. 144/145

Eiweiß	Fett	KH	BE	kcal
12 g	26 g	13 g	1	355

Geflügelsalat

1 Pers.	3 Pers.	Zutaten
40 g	120 g	gekochtes Hühnerfleisch
40 g	120 g	Spargel aus der Dose
30 g	90 g	Champignons aus der Dose
20 g	60 g	Magerjoghurt
5 g	15 g	Mayonnaise (80% F.)
Salz, Pfeffer, Essig, gehackte Petersilie		

Das Hühnerfleisch und den Spargel in etwa 2 cm große Stücke, die Champignons in Scheiben schneiden.
Aus dem Joghurt, der Mayonnaise, Salz, Pfeffer und Essig eine Sauce rühren.
Das Fleisch, den Spargel und die Champignons vorsichtig damit vermengen und mit Petersilie überstreuen.

1Person

Eiweiß	Fett	KH	BE	kcal
15 g	8 g	3 g	—	150

Apfel-Quark-Auflauf

1 Pers.	3 Pers.	Zutaten
100 g	300 g	Magerquark
60 g	180 g	Äpfel
10 g	30 g	Eigelb
15 g	45 g	Eiweiß
5 g	15 g	Grieß
Salz, Zitronensaft, flüssiger Süßstoff		

Die Äpfel auf der groben Reibe in ein feuerfestes Förmchen raspeln. Den Quark eventuell mit etwas Wasser verdünnen, mit dem Eigelb, Grieß, Zitronensaft, Süßstoff und Salz verrühren. Das Eiweiß zu festem Schnee schlagen und vorsichtig darunterheben.
Die Quarkmasse über die geraspelten Äpfel streichen. Den Backofen vorheizen und bei 200°C etwa 15 Minuten backen.

1Person Foto S. 144/145

Eiweiß	Fett	KH	BE	kcal
18 g	4 g	16 g	1	175

Dänischer Nudelsalat

1 Pers.	3 Pers.	Zutaten
30 g	90 g	Nudeln
150 g	450 g	Salzwasser
20 g	60 g	Champignons aus der Dose
20 g	60 g	gekochter Schinken
20 g	60 g	Gewürzgurken
20 g	60 g	Tomaten ohne Kerne
10 g	30 g	Erbsen aus der Dose
5 g	15 g	Magerjoghurt
5 g	15 g	Mayonnaise (80% F.)
Essig, Salz, Pfeffer, gehackte Petersilie, Schnittlauchröllchen		

Die Nudeln im Salzwasser kochen und abtropfen lassen. Den Schinken, die Gurken, Tomaten und Champignons würfeln.
Aus dem Joghurt, der Mayonnaise, Essig, Salz, Pfeffer, Schnittlauch und Petersilie eine Sauce rühren, alle Zutaten daruntermengen und den Salat durchziehen lassen.

1Person Foto S. 144/145

Eiweiß	Fett	KH	BE	kcal
10 g	8 g	25 g	2	220

Badischer Fleischsalat.

Badischer Fleischsalat

1 Pers.	3 Pers.	Zutaten
40 g	120 g	magerer Schweinebraten
50 g	150 g	Salatgurken
50 g	150 g	Champignons aus der Dose
30 g	90 g	Tomaten ohne Kerne
5 g	15 g	Zwiebeln
20 g	60 g	Magerjoghurt
Salz, Pfeffer, Knoblauch, Essig, flüssiger Süßstoff, Schnittlauchröllchen		

Das Fleisch, die Gurken und Tomaten in Streifen schneiden, die Champignons je nach Größe vierteln oder in Scheiben schneiden, die Zwiebeln hacken.
Mit einer Sauce aus dem Joghurt, Salz, Pfeffer, Knoblauch, Essig und Schnittlauch vermengen und nach Geschmack mit etwas Süßstoff abschmecken. Den Salat durchziehen lassen.

1Person

Eiweiß	Fett	KH	BE	kcal
13 g	11 g	5 g	—	185

Fenchelsalat

1 Pers.	3 Pers.	Zutaten
65 g	195 g	Fenchel
25 g	75 g	Äpfel
25 g	75 g	Orangen
20 g	60 g	gekochter Schinken
1/2 TL	10 g	Öl
5 g	15 g	Zitronensaft
Salz, Pfeffer, Knoblauch, gehackte Petersilie, gehackte Fenchelherzblätter		

Den Fenchel und die Äpfel in feine Streifen schneiden, mit dem Zitronensaft und dem Öl marinieren. Die Orange filieren, den Schinken würfeln.
Alle Zutaten mischen und den Salat mit Salz, Pfeffer, Knoblauch und Petersilie abschmecken.
Die Fenchelherzblätter zur Dekoration darüberstreuen.

1Person

Eiweiß	Fett	KH	BE	kcal
6 g	6 g	12 g	1/2	130

Fenchelsalat.

Schweinefilet in Aspik

1 Pers.	3 Pers.	Zutaten
40 g	120 g	gegrilltes Schweinefilet
150 g	450 g	entfettete Fleischbrühe
10 g	30 g	Möhren
5 g	15 g	Paprikaschoten
1	3	Eischeibe(n)
1 1/2 Bl.	4 1/2 Bl.	weiße Gelatine
5 g	15 g	Weißwein
Salz, Essig, Petersilie		

Die Fleischbrühe mit Salz, Essig und dem Weißwein kräftig würzen. Die nach Anweisung zubereitete Gelatine darunterrühren. Einen Teil der Fleischbrühe als Spiegel in eine Sturzform gießen und im Kühlschrank fest werden lassen.
Die Möhren und Paprikaschoten in Streifen schneiden.
Das Fleisch in fingerdicke Scheiben schneiden und mit dem Ei, den Paprika- und Möhrenstreifen und Petersiliensträußchen dekorativ auf dem Spiegel verteilen. Die restliche Fleischbrühe vorsichtig darübergießen und im Kühlschrank fest werden lassen.
Vor dem Stürzen die Form kurz in heißes Wasser tauchen.

1Person

Eiweiß	Fett	KH	BE	kcal
16 g	8 g	2 g	—	150

Geflügelsülze

1 Pers.	3 Pers.	Zutaten
75 g	225 g	entfettete Hühnerbrühe
30 g	90 g	Weißwein
45 g	135 g	gekochtes Hühnerfleisch
30 g	90 g	Möhren
1 1/2 Bl.	4 1/2 Bl.	weiße Gelatine
40 g	120 g	Magerjoghurt
Salz, Pfeffer, Essig, Dill, Estragon und Petersilie } gehackt		

Die Hühnerbrühe und den Weißwein mischen und mit Salz würzen. Die nach Anweisung vorbereitete Gelatine hineinrühren. Einen Teil der Hühnerbrühe als Spiegel in eine Sturzform gießen und in den Kühlschrank stellen, bis die Flüssigkeit fest geworden ist.
Die Möhren in dünne Scheiben schneiden und kurz dünsten. Das Hühnerfleisch in etwa 1 cm große Würfel schneiden. Die Möhrenscheiben um den Rand des inzwischen erstarrten Spiegels legen, die Fleischwürfel auf die ganze Fläche verteilen. Die restliche Fleischbrühe darübergießen und im Kühlschrank fest werden lassen.
Vor dem Stürzen die Form kurz in heißes Wasser tauchen.
Aus dem Joghurt, Salz, Pfeffer, Essig und den Kräutern eine Sauce zubereiten und über die Sülze gießen.

1Person

Eiweiß	Fett	KH	BE	kcal
20 g	2 g	6 g	—	145

Bunte Gemüsesülze

1 Pers.	3 Pers.	Zutaten
100 g	300 g	entfettete Fleischbrühe
40 g	120 g	Champignons aus der Dose
40 g	120 g	Spargel aus der Dose
15 g	45 g	Erbsen aus der Dose
15 g	45 g	Möhren aus der Dose
1 Bl.	3 Bl.	weiße Gelatine
5 g	15 g	Weißwein
Salz, Essig		

Die Fleischbrühe mit Salz, Essig und dem Weißwein kräftig abschmecken. Die nach Anweisung vorbereitete Gelatine hineinrühren.
Einen Teil der Fleischbrühe als Spiegel in eine Sturzform gießen und in den Kühlschrank stellen, bis die Flüssigkeit fest geworden ist.
Die Champignons, den Spargel und die Möhren in mundgerechte Stücke schneiden und mit den Erbsen dekorativ auf dem Spiegel anordnen. Die restliche Fleischbrühe vorsichtig darübergießen und die Sülze im Kühlschrank fest werden lassen.
Vor dem Stürzen die Form kurz in heißes Wasser tauchen.

1Person

Eiweiß	Fett	KH	BE	kcal
4 g	1 g	6 g	—	45

Schweinefilet in Aspik (vorn links), bunte Gemüsesülze (vorn rechts), Geflügelsülze (hinten).

Chicorée „Mailänder Art“

1 Pers.	3 Pers.	Zutaten
200 g	600 g	Chicorée
80 g	250 g	gekochter Schinken
20 g	60 g	Schnittkäse (45 % F.i.Tr.)
150 g	450 g	entfettete Fleischbrühe
Salz, Pfeffer		

Den Chicorée ohne den bitteren Strunk in der Fleischbrühe blanchieren, gut abtropfen lassen.
Mit dem Schinken und Käse umwickeln und in einer feuerfesten Form im Backofen bei 200° C 10 Minuten überbacken.

1Person

Eiweiß	Fett	KH	BE	kcal
25 g	17 g	5 g	—	290

Chicorée „Mailänder Art“.

Pochiertes Ei „dänisch“

1 Pers.	3 Pers.	Zutaten
1	3	Ei(er)
40 g	120 g	Magerjoghurt
20 g	60 g	Tomaten ohne Kerne
20 g	60 g	Gewürzgurken
20 g	60 g	Krabbenfleisch
5 g	15 g	Tomatenmark
450 g	450 g	Essigwasser
Salz, Pfeffer, Worcestersauce, gehackte Petersilie		

Das Ei in eine Schöpfkelle schlagen und vorsichtig in das nur leicht kochende Essigwasser gleiten lasssen. Knapp unter dem Siedepunkt etwa 3 Minuten stocken lassen. Herausnehmen, abtropfen und abkühlen lassen.
Aus dem Joghurt und dem Tomatenmark eine Sauce rühren. Die Tomaten und Gurken in feine Streifen schneiden und zusammen mit dem Krabbenfleisch in die Sauce geben. Mit Salz, Pfeffer, Worcestersauce und etwas Petersilie abschmecken.
Die Sauce über das abgekühlte Ei ziehen und Petersilie darüberstreuen.

1Person

Eiweiß	Fett	KH	BE	kcal
14 g	7 g	4 g	—	145

Chicoréetoast

1 Pers.	3 Pers.	Zutaten
100 g	300 g	Chicorée
25 g	75 g	Weißbrot
30 g	90 g	gekochter Schinken
20 g	60 g	Käse (45% F. i. Tr.)
30 g	90 g	Magerjoghurt
50 g	150 g	Zitronen-Salzwasser
Salz, Pfeffer, Paprika		

Den Chicorée halbieren, ohne den bitteren Strunk im Zitronen-Salzwasser garen und abtropfen lassen.
Das Weißbrot toasten, mit dem Schinken belegen und den Chicorée darauflegen.
Den Käse reiben; den Joghurt mit dem Käse vermischen, mit Paprika, Salz und Pfeffer würzen und über den Chicorée streichen.
Den Toast im Backofen oder Grill etwa 4 Minuten überbacken.

1Person

Eiweiß	Fett	KH	BE	kcal
16 g	10 g	16 g	1	230

Spargeltoast

1 Pers.	3 Pers.	Zutaten
25 g	75 g	Weißbrot
40 g	120 g	Kalbsbraten
80 g	250 g	Spargel aus der Dose
20 g	60 g	Schnittkäse (45% F.i.Tr.)
Salz, Pfeffer		

Das Weißbrot toasten und mit dem Kalbsbraten belegen.
Den Spargel darauf verteilen, mit Salz und Pfeffer würzen und mit dem Käse belegen.
Im Backofen oder Grill etwa 5 Minuten überbacken.

1Person

Eiweiß	Fett	KH	BE	kcal
21 g	8 g	14 g	1	225

Eiersalat

1 Pers.	3 Pers.	Zutaten
1	3	hartgekochte(s) Ei(er)
40 g	120 g	gekochter Schinken
60 g	180 g	Tomaten ohne Kerne
20 g	60 g	Magerquark
15 g	45 g	Magerjoghurt
Salz, Pfeffer, gehackte Petersilie		

Das Ei in Scheiben schneiden. Den Schinken und die Tomaten würfeln und mit den Eischeiben mischen.
Eine Sauce aus dem Quark, dem Joghurt, Salz und Pfeffer rühren und über die Zutaten geben; kurz durchziehen lassen.
Den Eiersalat vor dem Servieren mit Petersilie überstreuen.

1Person

Eiweiß	Fett	KH	BE	kcal
20 g	12 g	4 g	—	220

Westfälischer Salat

1 Pers.	3 Pers.	Zutaten
60 g	180 g	Schwartenmagen
30 g	90 g	Gewürzgurken
20 g	60 g	gekochte rote Bete
15 g	45 g	Zwiebeln
1/2 TL	10 g	Öl
15 g	45 g	Gurkenwasser
Salz, Pfeffer, Essig, gehackte Petersilie		

Den Schwartenmagen, die Gurken, rote Bete und Zwiebeln würfeln.
Eine Marinade aus dem Öl, dem Gurkenwasser, Salz, Pfeffer und Essig rühren, den Salat gut vermengen und einige Zeit durchziehen lassen.
Petersilie darüberstreuen.

1Person

Eiweiß	Fett	KH	BE	kcal
9 g	15 g	4 g	—	195

Ungarischer Fleischsalat

1 Pers.	3 Pers.	Zutaten
40 g	120 g	gekochtes Rindfleisch
30 g	90 g	Tomaten ohne Kerne
25 g	75 g	eingelegte Tomatenpaprika
50 g	150 g	Champignons aus der Dose
20 g	60 g	Gewürzgurken
5 g	15 g	Zwiebeln
1/2 TL	10 g	Öl
15 g	45 g	Gurkenwasser
Salz, Paprika, Essig, gehackte Petersilie		

Das Fleisch, die Tomaten, Gurken, den Tomatenpaprika und die Champignons in Streifen beziehungsweise Scheiben schneiden, die Zwiebeln hacken.
Aus dem Öl, dem Gurkenwasser, Salz, Paprika und Essig eine Marinade herstellen, den Salat darin mischen und gut durchziehen lassen.
Mit Petersilie überstreut servieren.

1Person

Eiweiß	Fett	KH	BE	kcal
15 g	8 g	5 g	—	155

Italienischer Toast

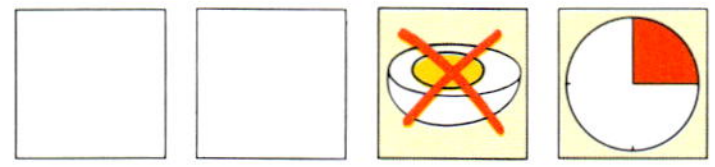

1 Pers.	3 Pers.	Zutaten
25 g	75 g	Weißbrot
20 g	60 g	Salami
20 g	60 g	Schnittkäse (45% F. i. Tr.)
30 g	90 g	Tomaten
10 g	30 g	Zwiebeln
10 g	30 g	Tomatenmark
2	6	Oliven
30 g	90 g	Wasser
Knoblauch, Oregano, Thymian		

Das Weißbrot toasten. Das Tomatenmark mit Knoblauch, Oregano und Thymian würzen und den Toast damit bestreichen.
Die Zwiebeln in feine Streifen, die Tomaten und Oliven in Scheiben schneiden. Die Zwiebelstreifen in dem Wasser dünsten.
Den Toast nacheinander mit Zwiebelstreifen, Tomatenscheiben, Salami, Käse und Oliven belegen.
Den Toast im Backofen oder Grill etwa 5 Minuten überbacken, bis der Käse goldgelb geschmolzen ist.

1Person

Eiweiß	Fett	KH	BE	kcal
11 g	17 g	16 g	1	270

Italienischer Toast (vorn), Tomatentoast (hinten).

Tomatentoast

1 Pers.	3 Pers.	Zutaten
25 g	75 g	Weißbrot
50 g	150 g	Tomaten
20 g	60 g	gekochter Schinken
20 g	60 g	Schnittkäse (45 % F.i.Tr.)
Salz, Pfeffer		

Die Tomaten in Scheiben schneiden, das Weißbrot toasten.
Den Toast mit dem Schinken und den Tomatenscheiben belegen, mit Salz und Pfeffer würzen, den Käse darüberlegen.
Im Backofen oder Grill etwa 10 Minuten überbacken, bis der Käse goldgelb zerlaufen ist.

1 Person

Eiweiß	Fett	KH	BE	kcal
12 g	9 g	14 g	1	190

Geflügelsalat „Oriental"

1 Pers.	3 Pers.	Zutaten
40 g	120 g	gekochtes Hühnerfleisch
20 g	60 g	Äpfel
25 g	75 g	gedünstete Pfirsiche
15 g	45 g	Mandarinen
30 g	90 g	Magerjoghurt
5 g	15 g	Zitronensaft
Salz, Curry, Worcestersauce		

Das Hühnerfleisch grob, die Äpfel, Pfirsiche und die Mandarinen halb so groß würfeln.
Eine Sauce herstellen aus dem Joghurt, dem Zitronensaft, Salz, Curry und Worcestersauce und die Fleisch- und Obstwürfel darin gut durchziehen lassen.

1 Person

Eiweiß	Fett	KH	BE	kcal
14 g	4 g	8 g	1/2	130

Geflügelsalat „Oriental".

Käsesalat

1 Pers.	3 Pers.	Zutaten
50 g	150 g	Edamer (30% F.i.Tr.)
20 g	60 g	gekochter Schinken
25 g	75 g	Gewürzgurken
25 g	75 g	Tomaten ohne Kerne
5 g	15 g	Gurkenwasser
Salz, Pfeffer, Essig, Schnittlauchröllchen		

Den Käse, den Schinken, die Gurken und Tomaten in feine Streifen schneiden.
Aus Salz, Pfeffer, Essig, dem Gurkenwasser und Schnittlauch eine Marinade herstellen, den Salat damit vermengen und gut durchziehen lassen.

1Person

Eiweiß	Fett	KH	BE	kcal
18 g	11 g	2 g	—	185

Pizza

1 Pers.	3 Pers.	Zutaten
75 g	225 g	Hefeteig (siehe Grundrezept S. 199)
20 g	60 g	Salami
20 g	60 g	Schnittkäse (45% F.i.Tr.)
30 g	90 g	Champignons aus der Dose
30 g	90 g	frische Paprikaschoten
10 g	30 g	Tomatenmark
3	9	Oliven
Salz		

Den Hefeteig mit Salz (anstelle von Süßstoff) abschmecken.
Den Teig tellergroß etwa 20 cm im Durchmesser und 1/2 cm dick ausrollen und auf ein Backblech legen.
Die Salami, den Schnittkäse und die Paprikaschoten in Streifen, die Champignons und die Oliven in Scheiben schneiden.
Den Teig mit dem Tomatenmark bestreichen und die übrigen Zutaten gleichmäßig darauf verteilen.
Im Backofen bei 180 °C etwa 20 Minuten backen.

1Person Foto S. 54

Eiweiß	Fett	KH	BE	kcal
16 g	20 g	39 g	3	415

Jägertoast

1 Pers.	3 Pers.	Zutaten
25 g	75 g	Weißbrot
30 g	90 g	Champignons aus der Dose
20 g	60 g	gekochter Schinken
20 g	60 g	Schnittkäse (45% F. i. Tr.)

Champignons je nach Größe halbieren oder vierteln.
Das Weißbrot toasten und nacheinander mit dem Schinken, den Champignons und dem Käse belegen.
Den Backofen vorheizen und auf mittlerer Schiene bei 200 °C 5 Minuten goldgelb überbacken.

1Person

Eiweiß	Fett	KH	BE	kcal
12 g	9 g	13 g	1	190

Porridge

1 Pers.	3 Pers.	Zutaten
50 g	150 g	grobe Haferflocken
125 g	375 g	Milch (1,5% F.)
5 g	15 g	Margarine
150 g	450 g	Wasser
Salz		

Das Wasser zusammen mit den Haferflocken und der Margarine erhitzen und 2 bis 3 Minuten unter Rühren durchkochen lassen. Den Brei mit 1 Prise Salz abschmecken.
Die Milch erhitzen und über den fertigen Porridge geben.

1Person

Eiweiß	Fett	KH	BE	kcal
11 g	10 g	39 g	3	300

Mexikanischer Fleischsalat

1 Pers.	3 Pers.	Zutaten
60 g	180 g	gekochtes oder gegrilltes mageres Kasseler
30 g	90 g	Maiskörner aus der Dose
30 g	90 g	eingelegte Tomatenpaprika
20 g	60 g	Gewürzgurken
15 g	45 g	Magerjoghurt
5 g	15 g	Mayonnaise (80% F.)
Salz, Pfeffer, Essig, Kresse		

Das Kasseler, die Gurken und die Tomatenpaprika in Streifen schneiden, die Maiskörner dazugeben.
Mit einer Sauce aus dem Joghurt, der Mayonnaise, Salz, Pfeffer, Essig und Kresse vermischen und den Salat durchziehen lassen.

1 Person Foto S. 144/145

Eiweiß	Fett	KH	BE	kcal
17 g	12 g	8 g	1/2	230

Italienischer Wurstsalat

1 Pers.	3 Pers.	Zutaten
60 g	180 g	Geflügel-Fleischwurst
50 g	150 g	Champignons aus der Dose
20 g	60 g	Gewürzgurken
10 g	30 g	Äpfel
1/2 TL	10 g	Öl
Salz, Pfeffer, Essig, gehackte Petersilie, Schnittlauchröllchen		

Die Wurst, die Gurken, Äpfel und Champignons in Streifen schneiden. Eine Marinade aus dem Öl, Salz, Pfeffer, Essig, Petersilie und Schnittlauch rühren, den Salat damit vermengen und gut durchziehen lassen.

1 Person

Eiweiß	Fett	KH	BE	kcal
14 g	7 g	3 g	—	140

Reissalat

1 Pers.	3 Pers.	Zutaten
30 g	90 g	Reis
150 g	450 g	Salzwasser
40 g	120 g	gekochtes oder gegrilltes mageres Schweinefleisch
15 g	45 g	Möhren aus der Dose
15 g	45 g	Erbsen aus der Dose
10 g	30 g	Magerjoghurt
5 g	15 g	Mayonnaise (80% F.)
1/3 TL	10 g	Tomatenmark
Salz, Pfeffer, Knoblauch		

Den Reis im Salzwasser garen und abtropfen lassen.
Das Fleisch und die Möhren fein würfeln und zusammen mit den Erbsen unter den Reis mischen.
Aus dem Joghurt, der Mayonnaise, dem Tomatenmark, Salz, Pfeffer und Knoblauch eine Sauce zubereiten und darin den Salat gut durchziehen lassen.

1 Person

Eiweiß	Fett	KH	BE	kcal
14 g	15 g	27 g	2	320

Münsterländer Quark

1 Pers.	3 Pers.	Zutaten
60 g	180 g	Magerquark
10 g	30 g	Zwiebeln
10 g	30 g	gekochter Schinken
15 g	45 g	Wasser
Salz, Pfeffer, Paprika, Schnittlauchröllchen		

Den Quark mit dem Wasser cremig verrühren, die Zwiebeln und den Schinken fein würfeln und dazugeben.
Mit Salz, Pfeffer, Paprika und Schnittlauch abschmecken.

1 Person Foto S. 144/145

Eiweiß	Fett	KH	BE	kcal
10 g	1 g	3 g	—	75

Schinkentoast

1 Pers.	3 Pers.	Zutaten
25 g	75 g	Weißbrot
20 g	60 g	gekochter Schinken
10 g	30 g	Äpfel
20 g	60 g	Schnittkäse (45% F.i.Tr.)

Das Weißbrot toasten und mit dem Schinken belegen.
Die Äpfel — als Scheiben geschnitten — auf den Schinken legen, mit dem Käse bedecken und den Toast im Backofen oder Grill überbacken.

1 Person Foto S. 144/145

Eiweiß	Fett	KH	BE	kcal
11 g	9 g	14 g	1	190

Kartoffelsalat

1 Pers.	3 Pers.	Zutaten
130 g	390 g	Pellkartoffeln
20 g	60 g	gekochter Schinken
10 g	30 g	Gewürzgurken
10 g	30 g	Zwiebeln
5 g	15 g	Mayonnaise (80% F.)
5 g	15 g	Magerjoghurt
15 g	45 g	Gurkenwasser
Salz, Pfeffer, Essig, Schnittlauchröllchen		

Die gekochten, kalten Kartoffeln in Scheiben schneiden.
Den Schinken, die Gurken und die Zwiebeln feinhacken und mit dem Schnittlauch zu den Kartoffeln geben.
Aus der Mayonnaise, dem Joghurt, Gurkenwasser und Essig eine Sauce herstellen, mit dem Salat vermengen und mit Salz und Pfeffer abschmecken.
Den Kartoffelsalat einige Stunden durchziehen lassen.

1Person

Eiweiß	Fett	KH	BE	kcal
7 g	7 g	26 g	2	205

Kalbfleischsülze

1 Pers.	3 Pers.	Zutaten
50 g	150 g	gekochtes Kalbfleisch
100 g	300 g	entfettete Fleischbrühe
30 g	90 g	Gewürzgurken
10 g	30 g	rote Paprikaschoten
1 Bl.	3 Bl.	weiße Gelatine
5 g	15 g	Weißwein
Salz, Essig		

Die Fleischbrühe mit Salz, Essig und dem Weißwein kräftig abschmecken.
Die nach Anweisung vorbereitete Gelatine darunterrühren.
Das Fleisch, die Gurken und Paprikaschoten würfeln und in die Fleischbrühe rühren. In eine Sturzform füllen und im Kühlschrank fest werden lassen.
Vor dem Stürzen die Form kurz in heißes Wasser tauchen.

1Person

Eiweiß	Fett	KH	BE	kcal
18 g	3 g	2 g	—	115

Kartoffelsalat.

Krabbencocktail

1 Pers.	3 Pers.	Zutaten
30 g	90 g	Krabbenfleisch
30 g	90 g	Spargel aus der Dose
10 g	30 g	Äpfel
2	6	Mandeln
30 g	90 g	Magerjoghurt
1/3 TL	10 g	Tomatenmark
1/2 TL	10 g	Weinbrand
Zitronensaft, Salz, Pfeffer, flüssiger Süßstoff, gehackte Petersilie		

Eine Sauce aus dem Joghurt, Tomatenmark, Weinbrand, Zitronensaft, Salz und Pfeffer rühren und nach Wunsch mit Süßstoff abschmecken. Den Spargel in etwa 1 cm große Stücke schneiden.
Die Mandeln überbrühen, abziehen und grob hacken, die Äpfel grob raspeln. Das Krabbenfleisch und alle Zutaten mit der Sauce mischen und den Salat abschmecken.
Vor dem Servieren mit Petersilie bestreuen.

1 Person

Eiweiß	Fett	KH	BE	kcal
8 g	2 g	4 g	—	80

Krabbencocktail.

Quarkauflauf mit Kirschen

1 Pers.	3 Pers.	Zutaten
100 g	300 g	Magerquark
60 g	180 g	Dunstkirschen
10 g	30 g	Eigelb
15 g	45 g	Eiweiß
5 g	15 g	Grieß
1/3	1	abgeriebene Schale von 1 ungespritzten Zitrone
5 g	15 g	Zitronensaft
Salz, flüssiger Süßstoff		

Den Quark mit dem Eigelb, Grieß und eventuell etwas Wasser glattrühren. Mit dem Zitronensaft, der Zitronenschale, Süßstoff und einer Prise Salz abschmecken.
Die Kirschen dazugeben. Das Eiweiß steif schlagen und vorsichtig unter die Masse heben.
In eine feuerfeste Form füllen; den Backofen vorheizen und auf mittlerer Schiene bei 200 °C etwa 15 Minuten backen.

1Person

Eiweiß	Fett	KH	BE	kcal
18 g	4 g	16 g	1	180

Quarkauflauf mit Kirschen.

Nudelauflauf mit Tomatensauce

1 Pers.	3 Pers.	Zutaten
30 g	90 g	Nudeln
150 g	450 g	Salzwasser
30 g	90 g	gekochter Schinken
20 g	60 g	Vollei
10 g	30 g	Schnittkäse (45% F. i.Tr.)
10 g	30 g	Tomatenmark
50 g	150 g	entfettete Fleischbrühe
15 g	45 g	Wasser
Salz, Pfeffer, Paprika, Zitronensaft		

Die Nudeln im Salzwasser kochen und abtropfen lassen.
Den Schinken und den Käse in feine Würfel schneiden. Das Ei mit dem Wasser, Salz und Pfeffer verschlagen.
Alle Zutaten mischen, in eine feuerfeste Form füllen; den Backofen vorheizen und auf mittlerer Schiene bei 180° C 15 Minuten garen bis das Ei gestockt ist.
Für die Tomatensauce die Fleischbrühe mit dem Tomatenmark aufkochen und mit Salz, Pfeffer, Paprika und Zitronensaft abschmecken.

1Person

Eiweiß	Fett	KH	BE	kcal
16 g	10 g	23 g	2	260

Nudelauflauf mit Tomatensauce.

Toast „Williams“

1 Pers.	3 Pers.	Zutaten
25 g	75 g	Weißbrot
30 g	90 g	roher Schinken
50 g	150 g	gekochte Birnen
20 g	60 g	Schnittkäse (45% F.i.Tr.)
10 g	30 g	Hüttenkäse
Salz, Pfeffer, Knoblauch, Paprika, Schnittlauchröllchen		

Den Hüttenkäse mit Salz, Pfeffer, Knoblauch, Paprika und Schnittlauch pikant abschmecken.
Das Weißbrot toasten und mit dem Schinken belegen.
Die Käsemasse in die Birnen füllen und diese mit der Wölbung nach

oben auf den Toast legen. Mit dem Schnittkäse bedecken und im Back ofen oder Grill etwa 10 Minuten überbacken.

1Person

Eiweiß	Fett	KH	BE	kcal
14 g	17 g	19 g	$1^1/_2$	295

Teufelssalat

1 Pers.	3 Pers.	Zutaten
40 g	120 g	gekochtes Rindfleisch
40 g	120 g	Tomaten ohne Kerne
40 g	120 g	eingelegte Tomatenpaprika
20 g	60 g	Perlzwiebeln
20 g	60 g	Gewürzgurken
$^1/_2$ TL	10 g	Öl
Salz, Essig, Tabascosauce, Schnittlauchröllchen		

Das Fleisch, die Gurken und Paprikaschoten in feine Streifen schneiden, die Tomate grob würfeln. Mit den Perlzwiebeln mischen.
Eine Marinade aus dem Öl, Salz, Essig und Tabascosauce und etwas Schnittlauch herstellen und mit den Zutaten vermengen.
Den Salat gut durchziehen lassen, pikant abschmecken und mit dem restlichen Schnittlauch überstreuen.

1Person

Eiweiß	Fett	KH	BE	kcal
14 g	8 g	4 g	—	150

Milchreis

1 Pers.	3 Pers.	Zutaten
125 g	375 g	Milch (1,5% F.)
20 g	60 g	Milchreis
20 g	60 g	Sahne (28% F.)
flüssiger Süßstoff, Zimt		

Die Milch aufkochen, mit Süßstoff abschmecken, den Reis hineingeben und im geschlossenen Topf etwa $^1/_2$ Stunde bei geringer Wärmezufuhr garziehen lassen. Unter gelegentlichem Rühren abkühlen lassen.
Die Sahne steif schlagen und unter den Reisbrei ziehen.
Den Milchreis mit Süßstoff abschmecken.
Zimt darüberstreuen.

1Person

Eiweiß	Fett	KH	BE	kcal
6 g	9 g	22 g	2	200

Ragout fin

1 Pers.	3 Pers.	Zutaten
80 g	250 g	magere Kalbsbrust
30 g	90 g	Champignons aus der Dose
5 g	15 g	Parmesan
300 g	900 g	Salzwasser
5 g	15 g	Weißwein
$^1/_2$ TL	10 g	Kondensmilch (7,5% F.)
$^1/_2$ ML	$1^1/_2$ ML	Eindickungspulver
1	3	Zwiebeln
$^1/_2$	$1^1/_2$	Lorbeerblatt
1	3	Nelke(n)
Salz, Pfeffer, Zitronensaft, Worcestersauce		

Die Kalbsbrust in dem kochenden Salzwasser mit der mit Lorbeerblatt und Nelken gespickten Zwiebel garen.
$^1/_3$ Tasse der Kalbfleischbrühe zusammen mit dem Weißwein und der Kondensmilch mit Salz, Pfeffer, Zitronensaft und Worcestersauce abschmecken, mit dem Eindickungspulver binden.
Die Champignons je nach Größe halbieren oder vierteln.
Das ausgekühlte Fleisch in kleine Würfel schneiden und mit den Champignons in die Sauce geben.
In eine feuerfeste Form füllen, mit dem Parmesan überstreuen und im Backofen bei 200 °C etwa 10 Minuten überbacken.

1Person

Eiweiß	Fett	KH	BE	kcal
22 g	4 g	2 g	—	135

Ragout fin.

Wachsbohnensalat mit Schinken

1 Pers.	3 Pers.	Zutaten
150 g	450 g	Wachsbrechbohnen aus der Dose
20 g	60 g	gekochter Schinken
10 g	30 g	Zwiebeln
$^{1}/_{2}$ TL	10 g	Öl
Essig, Salz, Pfeffer, gehackter frischer oder gerebelter getrockneter Estragon		

Den Schinken und die Zwiebeln fein würfeln.
Eine Marinade aus dem Öl, Salz, Pfeffer, Essig und Estragon rühren, mit den Bohnen und den Schinken- und Zwiebelwürfeln vermengen und abschmecken.

1Person

Eiweiß	Fett	KH	BE	kcal
8 g	6 g	9 g	—	125

Mariniertes Fischfilet in Currymayonnaise

1 Pers.	3 Pers.	Zutaten
55 g	165 g	gekochtes Fischfilet (z.B. Kabeljau)
50 g	150 g	Wasser
5 g	15 g	Essig
10 g	30 g	Zwiebeln
20 g	60 g	Magerjoghurt
10 g	30 g	Mayonnaise (80% F.)
Salz, Pfeffer, Curry, Paprika, einige Senfkörner		

Den Fisch in eine Marinade aus dem Wasser, Essig, der Zwiebel, Senfkörnern und Salz einlegen und 1 Tag durchziehen lassen.
Den Joghurt mit der Mayonnaise verrühren und mit Salz, Pfeffer, Curry und Paprika abschmecken.
Diese Sauce über das abgetropfte marinierte Fischfilet geben.

1Person

Eiweiß	Fett	KH	BE	kcal
14 g	9 g	1 g	—	145

Fischsalat

1 Pers.	3 Pers.	Zutaten
55 g	165 g	gekochter Fisch (z.B. Kabeljau)
20 g	60 g	Gewürzgurken
25 g	75 g	Tomaten ohne Kerne
25 g	75 g	Champignons aus der Dose
5 g	15 g	Zwiebeln
20 g	60 g	Magerjoghurt
5 g	15 g	Mayonnaise (80% F.)
Zitronensaft, Salz, Pfeffer, gehackte Petersilie		

Den Fisch grob zerteilen. Die Gurken, Tomaten, Champignons und Zwiebeln fein würfeln.
Eine Sauce herstellen aus dem Joghurt, der Mayonnaise, Zitronensaft, Salz und Pfeffer.
Die Zutaten vorsichtig mit der Sauce vermischen und Petersilie über den Salat streuen.

1Person

Eiweiß	Fett	KH	BE	kcal
15 g	5 g	4 g	—	125

Mariniertes Fischfilet in Currymayonnaise (vorn), Fischsalat (hinten).

Saucen

Die richtige Sauce gibt den Speisen häufig erst den Pfiff.
Aber gerade hier verstecken sich oft viele Kalorien und Kohlenhydrate:
Eine Sauce läßt sich bezüglich ihrer Bestandteile kaum abschätzen.
Diese Saucenrezepte — als Übersichtstabelle
mit Berechnung der Nährstoffe, Kalorien und BE
aufgeführt — geben Ihnen die Möglichkeit, Fleisch,
Fisch, Eier und Salate mit immer wieder anderen Saucen zu variieren
und dadurch geschmackliche Vielfalt in den Speisezettel zu bringen.

Saucen für Salate

Cocktailsauce

(geeignet für Chicorée, Eisbergsalat)

1 Pers.	3 Pers.	Zutaten
30 g	90 g	Magerjoghurt
10 g	30 g	Tomatenmark
5 g	15 g	Weinbrand
Salz, Pfeffer, Knoblauch		

1Person

Eiweiß	Fett	KH	BE	kcal
1 g	1 g	3 g	—	30

Essig-Öl-Marinade

(geeignet für Eisbergsalat, Endiviensalat, Feldsalat*, Gurkensalat, Kopfsalat, Kressesalat, Radiccio*, Tomatensalat)

1 Pers.	3 Pers.	Zutaten
10 g	30 g	Zwiebelwürfel
15 g	45 g	Wasser
1/2 TL	10 g	Öl
5 g	15 g	Essig
Salz, Pfeffer, gehackte Petersilie, Knoblauch*		

1Person

Eiweiß	Fett	KH	BE	kcal
—	3 g	1 g	—	35

*) Mit * versehene Zutaten nur bei ebenfalls mit * gekennzeichneten Salaten verwenden.

Joghurtsauce

(geeignet für Chicorée, Eisbergsalat, Feldsalat, Kopfsalat)

1 Pers.	3 Pers.	Zutaten
20 g	60 g	Magerjoghurt
15 g	45 g	Wasser
5 g	15 g	Essig
Salz, Pfeffer, gehackte Kräuter nach Belieben		

1Person

Eiweiß	Fett	KH	BE	kcal
1 g	—	1 g	—	10

French Dressing

(geeignet für Chicorée, Eisbergsalat, Kopfsalat)

1 Pers.	3 Pers.	Zutaten
10 g	30 g	Öl
5 g	15 g	Tomatenmark
15 g	45 g	Essig
15 g	45 g	Wasser
Salz, Pfeffer, Knoblauch, scharfer Senf		

1Person

Eiweiß	Fett	KH	BE	kcal
—	10 g	—	—	95

Käsedressing

(geeignet für Chicorée, Eisbergsalat)

1 Pers.	3 Pers.	Zutaten
10 g	30 g	saure Sahne
20 g	60 g	Hüttenkäse
Salz, Pfeffer, Paprika, Essig, gehackte Petersilie, Schnittlauchröllchen		

1Person

Eiweiß	Fett	KH	BE	kcal
3 g	3 g	1 g	—	40

Sauce „Mimosa“

(geeignet für Eisbergsalat, Feldsalat, Kopfsalat)

1 Pers.	3 Pers.	Zutaten
20 g	60 g	hartgekochtes Ei
10 g	30 g	Zwiebelwürfel
5 g	15 g	Essig
15 g	45 g	Wasser
Salz, Pfeffer, gehackte Petersilie, Schnittlauchröllchen		

1Person

Eiweiß	Fett	KH	BE	kcal
3 g	2 g	1 g	—	40

Kräuterdressing

(geeignet für Chicorée, Eisbergsalat, Gurkensalat, Kopfsalat)

1 Pers.	3 Pers.	Zutaten
25 g	75 g	Magerquark
5 g	15 g	Wasser
Salz, Pfeffer, Essig		
Borretsch, Kerbel, Petersilie, Pimpinelle, Schnittlauch, Zitronenmelisse } gehackt		

1 Person

Eiweiß	Fett	KH	BE	kcal
3 g	—	1 g	—	20

Sauce „Astor“

(geeignet für Chicorée, Eisbergsalat, Kopfsalat)

1 Pers.	3 Pers.	Zutaten
20 g	60 g	saure Sahne
20 g	60 g	gehackte Gewürzgurken
10 g	30 g	eingelegte Paprikastreifen
Salz, Pfeffer, Essig, Schnittlauchröllchen		

1 Person

Eiweiß	Fett	KH	BE	kcal
1 g	2 g	1 g	—	25

Zitronen-Kräuter-Marinade

(geeignet für Eisbergsalat, Kopfsalat)

1 Pers.	3 Pers.	Zutaten
10 g	30 g	Zitronensaft
15 g	45 g	Wasser
flüssiger Süßstoff, gehackte Petersilie, gehackte Zitronenmelisse, Schnittlauchröllchen		

1 Person

Eiweiß	Fett	KH	BE	kcal
—	—	1 g	—	5

Orangendressing

(geeignet für Chicorée, Eisbergsalat, Kopfsalat)

1 Pers.	3 Pers.	Zutaten
50 g	150 g	Orangenfilets
30 g	90 g	Magerjoghurt
Salz, Pfeffer, Zitronensaft, flüssiger Süßstoff		

1 Person

Eiweiß	Fett	KH	BE	kcal
2 g	1 g	8 g	1/2	40

Sauce „Rheinische Art“

(geeignet für Endiviensalat, Feldsalat)

1 Pers.	3 Pers.	Zutaten
35 g	105 g	Stampfkartoffeln
10 g	30 g	Zwiebelwürfel
1/2 TL	10 g	Öl
Salz, Pfeffer, Essig, Wasser, Schnittlauchröllchen		

1 Person

Eiweiß	Fett	KH	BE	kcal
1 g	3 g	7 g	1/2	65

Senfmarinade

(geeignet für Chicorée, Radiccio)

1 Pers.	3 Pers.	Zutaten
10 g	30 g	Zwiebelwürfel
10 g	30 g	scharfer Senf
1/2 TL	10 g	Öl
Salz, Pfeffer, Essig, Wasser, Schnittlauchröllchen		

1 Person

Eiweiß	Fett	KH	BE	kcal
—	3 g	1 g	—	35

Saucen für Fleisch-, Fisch- oder Eierspeisen

Champignonsauce

(geeignet für Kalbfleisch, Hackfleisch)

1 Pers.	3 Pers.	Zutaten
50 g	150 g	Champignons aus der Dose
50 g	150 g	entfettete Fleischbrühe
1/2 TL	10 g	Kondensmilch (7,5% F.)
1/2 ML	1 1/2 ML	Eindickungspulver
Salz, Pfeffer, gehackte Petersilie		

1 Person

Eiweiß	Fett	KH	BE	kcal
—	1 g	2 g	—	20

Dillsauce

(geeignet für Fisch)

1 Pers.	3 Pers.	Zutaten
50 g	150 g	Fischsud
10 g	30 g	Kondensmilch (7,5 % F.)
1/2 ML	1 1/2 ML	Eindickungspulver
Salz, gehackter Dill		

1 Person

Eiweiß	Fett	KH	BE	kcal
1 g	1 g	1 g	—	20

Curryrahmsauce

(geeignet für Geflügel, Schweinefleisch)

1 Pers.	3 Pers.	Zutaten
50 g	150 g	entfettete Fleischbrühe
10 g	30 g	Äpfel
10 g	30 g	Zwiebelwürfel
10 g	30 g	Sahne (28 % F.)
1/2 ML	1 1/2 ML	Eindickungspulver
Salz, Curry		

1 Person

Eiweiß	Fett	KH	BE	kcal
1 g	3 g	3 g	—	45

Meerrettichsahne

(geeignet für kaltes Fleisch/Fisch, Kasseler, Roastbeef, Zunge, Forelle)

1 Pers.	3 Pers.	Zutaten
30 g	90 g	Magerquark
10 g	30 g	geriebener Meerrettich
5 g	15 g	Sahne (28 % F.)
1/2 TL	10 g	Zitronensaft
Salz, Pfeffer, flüssiger Süßstoff		

1 Person

Eiweiß	Fett	KH	BE	kcal
4 g	2 g	3 g	—	45

Remoulade

(geeignet für kaltes Kasseler, kaltes Roastbeef, Fleischsülzen, Gemüsesülzen)

1 Pers.	3 Pers.	Zutaten
20 g	60 g	Magerquark
10 g	30 g	gehackte Gewürzgurken
5 g	15 g	hartgekochtes Ei
$^{1}/_{2}$ TL	10 g	Zwiebelwürfel
Salz, Pfeffer, Essig, Kapern, gehackte Kräuter nach Belieben		

1 Person

Eiweiß	Fett	KH	BE	kcal
3 g	1 g	1 g	—	25

Rahmsauce

(geeignet für Kalbfleisch, Rindfleisch, Schweinefleisch, Wild)

1 Pers.	3 Pers.	Zutaten
50 g	150 g	entfetteter Bratensaft
10 g	30 g	saure Sahne
$^{1}/_{2}$ ML	$1^{1}/_{2}$ ML	Eindickungspulver
Salz		

1 Person

Eiweiß	Fett	KH	BE	kcal
2 g	3 g	2 g	—	40

Tomatensauce

(geeignet für Kalbfleisch, Hackfleisch, Teigwaren)

1 Pers.	3 Pers.	Zutaten
50 g	150 g	Tomatensaft
20 g	60 g	entfettete Fleischbrühe
$^{1}/_{2}$ ML	$1^{1}/_{2}$ ML	Eindickungspulver
Salz, Pfeffer, Zitronensaft, Knoblauch, Oregano		

1 Person

Eiweiß	Fett	KH	BE	kcal
—	—	2 g	—	10

Senfsauce

(geeignet für Eierspeisen, Fisch)

1 Pers.	3 Pers.	Zutaten
50 g	150 g	entfettete Fleischbrühe bzw. Fischsud
5 g	15 g	Margarine
$^{1}/_{2}$ TL	10 g	scharfer Senf
$^{1}/_{2}$ ML	$1^{1}/_{2}$ ML	Eindickungspulver

1 Person

Eiweiß	Fett	KH	BE	kcal
—	4 g	—	—	40

Weißweinsauce

(geeignet für Fisch)

1 Pers.	3 Pers.	Zutaten
50 g	150 g	Fischsud
10 g	30 g	Weißwein
10 g	30 g	Sahne (28 % F.)
$^{1}/_{2}$ ML	$1^{1}/_{2}$ ML	Eindickungspulver
Salz		

1 Person

Eiweiß	Fett	KH	BE	kcal
—	3 g	1 g	—	45

Zwiebelsauce

(geeignet für Rindfleisch)

1 Pers.	3 Pers.	Zutaten
50 g	150 g	entfettete Fleischbrühe
65 g	195 g	Zwiebelstreifen
5 g	15 g	Margarine
$^{1}/_{2}$ ML	$1^{1}/_{2}$ ML	Eindickungspulver
Salz, Pfeffer		

1 Person

Eiweiß	Fett	KH	BE	kcal
1 g	5 g	6 g	—	70

Saucen für süße Speisen

Melbasauce

(geeignet für Eis, Obst, Kompott)

1 Pers.	3 Pers.	Zutaten
30 g	90 g	Himbeersaft vom Dunstobst
5 g	15 g	Kirschwasser
$^1/_2$ ML	$1^1/_2$ ML	Eindickungspulver
Zitronensaft, flüssiger Süßstoff		

1Person

Eiweiß	Fett	KH	BE	kcal
—	—	2 g	—	25

Vanillesauce

(geeignet für Geleespeisen, Kuchen, Obst, Kompott)

1 Pers.	3 Pers.	Zutaten
60 g	180 g	Milch (1,5 % F.)
30 g	90 g	Wasser
3 g	10 g	Vanillepuddingpulver
Mark von $^1/_4$	Mark von $^1/_2$	Vanilleschote
flüssiger Süßstoff		

1Person

Eiweiß	Fett	KH	BE	kcal
2 g	1 g	5 g	$^1/_2$	40

Überbackene Johannisbeeren (vorn; Rezept S. 189). Hintere Reihe (v.l.n.r.): gefüllter Pfannkuchen (Rezept S. 178), rote Grütze (Rezept S. 189), Orangencreme (Rezept S. 183) und exotischer Obstsalat (Rezept S. 177).

Süßspeisen

Süßspeisen sind bei Diabetikern sehr beliebt. Bei Verwendung von geeigneten Süßungsmitteln lassen sich auch viele leckere Nachspeisen für Diabetiker herstellen. Es lohnt sich, die folgenden Rezepte am besten gleich für die ganze Familie auszuprobieren.

	g KH	BE	kcal	Seite
Apfelmus mit Preiselbeeren	12	1	55	175
Aprikosenschnee	14	1	70	175
Birne „Helene"	12	1	75	176
Birnengelee „Baronesse"	13	1	110	176
Buttermilchgelee	6	1/2	55	175
Diplomatencreme	12	1	75	175
Erdbeercreme	12	1	65	177
Erdbeersoufflé	13	1	150	178
Exotischer Obstsalat	13	1	70	177
Fruchtsülze	12	1	60	180
Gefüllter Pfannkuchen	13	1	120	178
Götterspeise mit Vanillesauce	6	1/2	55	179
Grießflammeri mit Früchten	13	1	115	181
Heidelbeerspeise	13	1	120	179
Jamaikacreme	11	1	100	182
Kirschgelee	12	1	55	180
Königincreme	12	1	65	185
Mandarinen-Apfel-Cocktail	13	1	70	183
Mandelcreme	14	1	125	181
Marmorspeise	13	1	105	185
Mokkacreme	12	1	90	185

	g KH	BE	kcal	Seite
Obstsalat	12	1	55	185
Orangencreme	12	1	60	183
Pfirsich-Halbgefrorenes	12	1	145	187
Pfirsich „Surprise"	11	1	55	186
Rhabarberbaiser	8	1/2	40	189
Rhabarberquark	5	—	60	189
Rhabarbersoufflé	3	—	90	180
Rote Grütze	13	1	90	189
Rotweincreme	1	—	50	188
Rotweingelee	1	—	35	183
Schmorapfel mit Weinschaumsauce	13	1	140	190
Schokoladencreme	12	1	100	179
Schokoladenspeise	7	1/2	80	189
Überbackene Johannisbeeren	13	1	65	189
Vanilleapfel	12	1	70	190
Vanillecreme	12	1	90	192
Vanillespeise mit Erdbeeren	12	1	85	192
Weißweingelee mit Apfel	7	1/2	50	193
Welfencreme	13	1	160	191
Westfälische Speise	11	1	120	191
Zitronencreme	7	1/2	90	192

Apfelmus mit Preiselbeeren

1 Pers.	3 Pers.	Zutaten
50 g	150 g	Äpfel
60 g	180 g	Dunstpreiselbeeren
45 g	135 g	Wasser
5 g	15 g	Zitronensaft
flüssiger Süßstoff		

Das Wasser mit dem Zitronensaft und Süßstoff abschmecken und aufkochen. Die Äpfel in grobe Stücke schneiden, in das kochende Wasser legen und in einem geschlossenen Topf weich dünsten.
Die Apfelstücke im Saft abkühlen lassen, in ein Schälchen füllen und die Preiselbeeren darüber verteilen.

1Person

Eiweiß	Fett	KH	BE	kcal
1 g	1 g	12 g	1	55

Aprikosenschnee

1 Pers.	3 Pers.	Zutaten
110 g	330 g	Aprikosen mit Stein
10 g	30 g	Eiweiß
½ Bl.	1½ Bl.	weiße Gelatine
5 g	15 g	Zitronensaft
75 g	225 g	Wasser
flüssiger Süßstoff		

Die Aprikosen in dem Wasser blanchieren, die Haut abziehen und den Stein herausnehmen. Das Blanchierwasser mit Süßstoff und dem Zitronensaft abschmecken und aufkochen. Die Aprikosen hineinlegen und in einem geschlossenen Topf garen. Die weichgekochten Früchte in dem Saft mit einem Schneebesen kräftig verrühren. Die nach Anweisung vorbereitete Gelatine daruntermischen und abkühlen lassen.
Das Eiweiß zu Schnee schlagen und unter die Speise ziehen. Den Aprikosenschnee in einer Glasschale kalt stellen.

1Person

Eiweiß	Fett	KH	BE	kcal
3 g	—	14 g	1	70

Buttermilchgelee

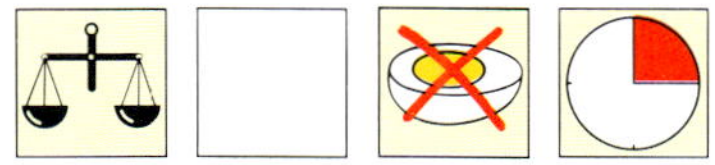

1 Pers.	3 Pers.	Zutaten
150 g	450 g	Buttermilch
1 Bl.	3 Bl.	weiße Gelatine
½ TL	10 g	Zitronensaft
flüssiger Süßstoff		

Die Buttermilch mit dem Zitronensaft und Süßstoff abschmecken. Die nach Anweisung vorbereitete Gelatine darunterrühren und im Kühlschrank fest werden lassen.

1Person

Eiweiß	Fett	KH	BE	kcal
6 g	1 g	6 g	½	55

Diplomatencreme

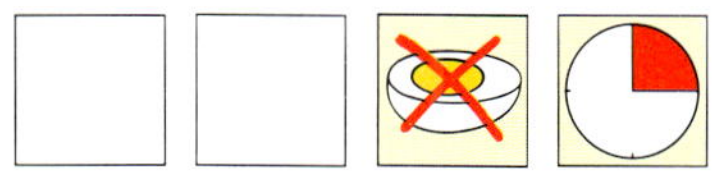

1 Pers.	3 Pers.	Zutaten
90 g	270 g	Milch (1,5 % F.)
25 g	75 g	Dunstfruchtcocktail
5 g	15 g	Vanillepuddingpulver
flüssiger Süßstoff		

Das Puddingpulver mit der Milch vermischen und unter Rühren kurz aufkochen, mit Süßstoff abschmecken, abkühlen.
Die Cocktailfrüchte unter die abgekühlte Puddingspeise heben.

1Person

Eiweiß	Fett	KH	BE	kcal
3 g	2 g	12 g	1	75

Birne „Helene“

1 Pers.	3 Pers.	Zutaten
45 g	135 g	Birnen
65 g	195 g	Milch (1,5 % F.)
4 g	12 g	Schokoladenpudding-pulver
40 g	120 g	Wasser
flüssiger Süßstoff		

Die Birnen in dem Wasser weichkochen, herausheben und abtropfen lassen.
Die Milch und das Puddingpulver verrühren, unter Rühren aufkochen, mit Süßstoff abschmecken und unter häufigem Rühren abkühlen lassen.
Die noch warme Sauce über die Birnen ziehen.

1Person

Eiweiß	Fett	KH	BE	kcal
3 g	1 g	12 g	1	75

Birnengelee „Baronesse“

1 Pers.	3 Pers.	Zutaten
90 g	270 g	Dunstbirnen
60 g	180 g	Rotwein
30 g	90 g	Birnensaft vom Dunstobst
3	9	Mandeln
1 Bl.	3 Bl.	weiße Gelatine
1/2 TL	10 g	Zitronensaft
flüssiger Süßstoff		

Den Rotwein und den Dunstobstsaft mit der nach Anweisung vorbereiteten Gelatine verrühren, mit dem Zitronensaft und Süßstoff abschmecken.
Die Birnenhälften abtropfen lassen, in ein Glasschälchen legen, mit der Flüssigkeit übergießen und kalt stellen.
Die Mandeln überbrühen, abziehen, grob hacken, in einer Pfanne goldbraun rösten und über das Gelee streuen.

1Person

Eiweiß	Fett	KH	BE	kcal
2 g	2 g	13 g	1	110

Birnengelee „Baronesse“ (vorn), Birne „Helene“ (hinten), je 1 Portion.

Exotischer Obstsalat

1 Pers.	3 Pers.	Zutaten
35 g	105 g	Honigmelone
35 g	105 g	Kiwis
35 g	105 g	Erdbeeren
20 g	60 g	Orangen
$^{1}/_{2}$ TL	10 g	Kirschwasser
5 g	15 g	Zitronensaft
flüssiger Süßstoff		

Die Melone und die Kiwis in Scheiben schneiden, die Erdbeeren je nach Größe vierteln, die Orange filieren.
Das Obst mit dem Kirschwasser vorsichtig mischen und mit Süßstoff und dem Zitronensaft abschmecken. Gekühlt servieren.

1Person Foto S. 172/173

Eiweiß	Fett	KH	BE	kcal
1 g	—	13 g	1	70

Erdbeercreme

1 Pers.	3 Pers.	Zutaten
160 g	480 g	Erdbeeren
$^{1}/_{2}$ Bl.	$1^{1}/_{2}$ Bl.	weiße Gelatine
10 g	30 g	Eiweiß
5 g	15 g	Zitronensaft
flüssiger Süßstoff		

Die Erdbeeren mit dem Passierstab oder Mixer zerkleinern. Die nach Anweisung vorbereitete Gelatine mit dem Erdbeermus verrühren, mit Süßstoff und dem Zitronensaft abschmecken und die Creme kalt stellen.
Wenn die Speise zu gelieren beginnt, das Eiweiß zu Schnee schlagen, vorsichtig unterziehen und die Erdbeercreme bis zum Servieren kalt stellen.

1Person

Eiweiß	Fett	KH	BE	kcal
3 g	1 g	12 g	1	65

Erdbeercreme, 1 Portion.

Erdbeersoufflé

1 Pers.	3 Pers.	Zutaten
150 g	450 g	Erdbeeren
40 g	120 g	Magerquark
25 g	75 g	Eiweiß
10 g	30 g	Eigelb
5 g	15 g	Kirschwasser
15 g	45 g	Wasser
$^{1}/_{2}$ TL	10 g	Zitronensaft
flüssiger Süßstoff		

Die Erdbeeren halbieren und in eine feuerfeste Form legen.
Den Quark mit dem Eigelb, Kirschwasser und — nach Bedarf — mit dem Wasser verrühren, mit dem Zitronensaft und Süßstoff abschmecken. Das Eiweiß zu festem Schnee schlagen, unter die Quarkmasse heben und diese über die Erdbeeren verteilen.
Im Backofen oder unter dem Grill etwa 10 Minuten goldbraun backen.

1Person

Eiweiß	Fett	KH	BE	kcal
11 g	4 g	13 g	1	150

Gefüllter Pfannkuchen

1 Pers.	3 Pers.	Zutaten
20 g	60 g	Vollei
10 g	30 g	Mehl
15 g	45 g	Wasser
35 g	105 g	Dunstkirschen
25 g	75 g	Kirschsaft vom Dunstobst
$^{1}/_{2}$ TL	10 g	Öl
$^{1}/_{4}$ ML	$^{3}/_{4}$ ML	Eindickungspulver
$^{1}/_{3}$ TL	5 g	Zitronensaft
flüssiger Süßstoff, Salz		

Erdbeersoufflé.

Aus dem Ei, Mehl und Wasser einen dünnen Pfannkuchenteig zubereiten, mit Salz und Süßstoff abschmecken. Das Öl in einer Pfanne erhitzen und den Teig darin zu einem Pfannkuchen ausbacken.
Den Dunstobstsaft mit dem Eindickungspulver binden, die Kirschen hineingeben, mit Süßstoff und dem Zitronensaft abschmecken. Den Pfannkuchen mit dem Kompott belegen und zusammenklappen.

1Person Foto S. 172/173

Eiweiß	Fett	KH	BE	kcal
4 g	5 g	13 g	1	120

Schokoladencreme

1 Pers.	3 Pers.	Zutaten
125 g	375 g	Milch (1,5 % F.)
6 g	20 g	Vanillepuddingpulver
1/2 TL	10 g	Kakao
10 g	30 g	Eiweiß
flüssiger Süßstoff		

Mit einem Teil der Milch das Puddingpulver und den Kakao anrühren. Die übrige Milch aufkochen, das angerührte Puddingpulver einrühren, nochmals aufkochen, mit Süßstoff süßen.
Das Eiweiß zu festem Schnee schlagen und unter die noch heiße Speise heben.

1Person

Eiweiß	Fett	KH	BE	kcal
6 g	3 g	12 g	1	100

Götterspeise mit Vanillesauce

1 Pers.	3 Pers.	Zutaten
5 g	15 g	Götterspeisepulver (Zitrone oder Waldmeister)
60 g	180 g	Milch (1,5 % F.)
3 g	10 g	Vanillepuddingpulver
180 g	540 g	Wasser
1/2 TL	10 g	Zitronensaft
Mark von 1/8	Mark von 1/4	Vanilleschote
flüssiger Süßstoff		

Für die Sauce vom Wasser 2 Eßlöffel (30 g) abnehmen.
Das restliche Wasser mit Zitronensaft und Süßstoff abschmecken. In einem kleinen Teil davon das Götterspeisepulver einweichen. Dann erhitzen und mit dem restlichen Wasser vermischen. Eventuell noch süßen. In ein Sturzförmchen füllen und kalt stellen.
Für die Sauce die Milch, das übrigbehaltene Wasser und Puddingpulver verrühren und unter Rühren aufkochen, Süßstoff und das Vanillemark dazugeben. Unter Rühren im Wasserbad abkühlen.
Die Götterspeise stürzen und die Vanillesauce darübergießen.

1Person

Eiweiß	Fett	KH	BE	kcal
5 g	1 g	6 g	1/2	55

Heidelbeerspeise

1 Pers.	3 Pers.	Zutaten
65 g	195 g	Milch
20 g	60 g	Magerquark
45 g	135 g	Heidelbeeren
5 g	15 g	Eiweiß
3 g	10 g	Vanillepuddingpulver
5	15	Mandeln
flüssiger Süßstoff		

Die Mandeln überbrühen, abziehen und reiben.
Das Puddingpulver mit der Milch und den Mandeln verquirlen und unter Rühren kurz aufkochen, etwas abkühlen lassen.
Das Eiweiß zu Schnee schlagen und zusammen mit dem Quark unter den Pudding rühren. Mit Süßstoff abschmecken.
Die Masse in ein Schälchen füllen und die Heidelbeeren darüber verteilen.

1Person

Eiweiß	Fett	KH	BE	kcal
7 g	4 g	13 g	1	120

Fruchtsülze

1 Pers.	3 Pers.	Zutaten
100 g	300 g	Dunstfruchtcocktail
45 g	135 g	Fruchtsaft vom Dunstobst
1/2 TL	10 g	Zitronensaft
1 Bl.	3 Bl.	weiße Gelatine
flüssiger Süßstoff		

Den Dunstobstsaft mit dem Zitronensaft abschmecken. Mit der nach Anweisung vorbereiteten Gelatine verrühren und kalt stellen. Wenn der Saft zu gelieren beginnt, die Früchte vorsichtig darunterheben, in ein Förmchen füllen und die Fruchtsülze im Kühlschrank fest werden lassen. Vor dem Stürzen die Form kurz in heißes Wasser tauchen.

1Person

Eiweiß	Fett	KH	BE	kcal
2 g	—	12 g	1	60

Fruchtsülze (vorn), Kirschgelee (hinten).

Kirschgelee

1 Pers.	3 Pers.	Zutaten
90 g	270 g	Sauerkirschen
75 g	225 g	Wasser
5 g	15 g	Zitronensaft
1/4 Bl.	3/4 Bl.	weiße Gelatine
1/4 Bl.	3/4 Bl.	rote Gelatine
flüssiger Süßstoff		

Das Wasser mit dem Zitronensaft und Süßstoff abschmecken und aufkochen. Die Kirschen hineingeben und im geschlossenen Topf dünsten. Die Kirschen einige Minuten abkühlen und mit der nach Anweisung vorbereiteten Gelatine verrühren. Abschmecken und zum Erstarren in den Kühlschrank stellen.

1Person

Eiweiß	Fett	KH	BE	kcal
2 g	—	12 g	1	55

Rhabarbersoufflé

1 Pers.	3 Pers.	Zutaten
75 g	225 g	Rhabarber
10 g	30 g	Sahne (28 % F.)
10 g	30 g	Eigelb
15 g	45 g	Eiweiß
Mark von 1/4	Mark von 3/4	Vanilleschote
flüssiger Süßstoff		

Den Rhabarber in etwa 2 cm große Stücke schneiden und in der Sahne in einem geschlossenen Topf weich dünsten. Etwas abkühlen lassen. Das Eigelb darunterrühren und mit Süßstoff und dem Vanillemark abschmecken. Das Eiweiß zu festem Schnee schlagen und darunterheben. Den Rhabarber in eine feuerfeste Form füllen und bei 220° C etwa 10 Minuten überbacken. Sofort servieren!

1 Person

Eiweiß	Fett	KH	BE	kcal
4 g	7 g	3 g	—	90

Grießflammeri mit Früchten

1 Pers.	3 Pers.	Zutaten
80 g	240 g	Milch (1,5 % F.)
5 g	15 g	Grieß
10 g	30 g	Eiweiß
30 g	90 g	Dunstfruchtcocktail
5	15	Mandeln
flüssiger Süßstoff		

Die Mandeln überbrühen, abziehen, grob hacken und rösten.
Die Milch aufkochen, den Grieß einstreuen und unter Rühren etwa 3 Minuten weiterkochen. Mit Süßstoff süßen.
Das Eiweiß zu festem Schnee schlagen und zusammen mit den Mandeln unter die noch heiße Speise heben. Den Flammeri in ein Schälchen füllen, das Kompott darüber verteilen und kalt stellen.

1 Person

Eiweiß	Fett	KH	BE	kcal
4 g	4 g	13 g	1	115

Mandelcreme

1 Pers.	3 Pers.	Zutaten
125 g	375 g	Milch (1,5 % F.)
8 g	25 g	Vanillepuddingpulver
10 g	30 g	Eiweiß
5	15	Mandeln
flüssiger Süßstoff		

Die Mandeln überbrühen, abziehen, grob hacken und goldbraun rösten. Mit einem Teil der Milch das Puddingpulver anrühren, die übrige Milch aufkochen, das angerührte Puddingpulver einrühren, nochmals aufkochen, mit Süßstoff abschmecken und die Mandeln daruntergeben.
Das Eiweiß zu festem Schnee schlagen und unter die noch heiße Speise heben.

1 Person

Eiweiß	Fett	KH	BE	kcal
6 g	5 g	14 g	1	125

Grießflammeri mit Früchten.

Jamaikacreme

1 Pers.	3 Pers.	Zutaten
90 g	270 g	Milch (1,5 % F.)
65 g	195 g	Magerjoghurt
5 g	15 g	Schokoladen-puddingpulver
1/2 TL	10 g	Rum
flüssiger Süßstoff		

Das Puddingpulver mit der Milch verquirlen, unter Rühren kurz aufkochen, etwas abkühlen lassen. Den noch warmen Pudding mit dem Joghurt verrühren und mit dem Rum und Süßstoff abschmecken.

1Person

Eiweiß	Fett	KH	BE	kcal
6 g	3 g	11 g	1	100

Jamaikacreme, 1 Portion.

Rotweingelee

1 Pers.	3 Pers.	Zutaten
50 g	150 g	Rotwein
75 g	225 g	Wasser
1 Bl.	3 Bl.	rote Gelatine
Zitronensaft, flüssiger Süßstoff		

Den Rotwein und das Wasser mit Zitronensaft und Süßstoff abschmecken. Die nach Anweisung vorbereitete Gelatine darunterrühren und das Gelee im Kühlschrank fest werden lassen.

1Person

Eiweiß	Fett	KH	BE	kcal
1 g	—	1 g	—	35

Mandarinen-Apfel-Cocktail

1 Pers.	3 Pers.	Zutaten
90 g	270 g	Dunstmandarinen
20 g	60 g	Mandarinensaft vom Dunstobst
30 g	90 g	Äpfel
1/2 TL	10 g	Kirschwasser
1/2 TL	10 g	Zitronensaft
flüssiger Süßstoff		

Die Äpfel grob raspeln und mit den Mandarinen mischen. Den Dunstobstsaft und das Kirschwasser zusammen mit Süßstoff und dem Zitronensaft abschmecken und über das Obst gießen.
Durchziehen lassen und eventuell nachsüßen.

1Person

Eiweiß	Fett	KH	BE	kcal
1 g	—	13 g	1	70

Orangencreme

1 Pers.	3 Pers.	Zutaten
50 g	150 g	Orangen
55 g	165 g	Orangensaft
10 g	30 g	Eiweiß
1 Bl.	3 Bl.	weiße Gelatine
flüssiger Süßstoff		

Den Orangensaft mit der nach Anweisung vorbereiteten Gelatine verrühren und mit Süßstoff süßen. Die Orangen filieren, mit dem Saft mischen und abkühlen lassen.
Das Eiweiß zu festem Schnee schlagen und unter den schon dicklichen Saft heben.
Zum Festwerden in den Kühlschrank stellen und direkt aus dem Kühlschrank servieren.

1Person Foto S. 172/173

Eiweiß	Fett	KH	BE	kcal
3 g	—	12 g	1	60

Marmorspeise

1 Pers.	3 Pers.	Zutaten
125 g	375 g	Magerjoghurt
45 g	135 g	Dunstsauerkirschen
1/4 TL	5 g	Kakao
1/2 TL	10 g	Rum
Mark von 1/8	Mark von 1/4	Vanilleschote
flüssiger Süßstoff		

Die Kirschen abtropfen lassen und in ein Schälchen füllen.
Einen Teil des Joghurts mit dem Vanillemark und Süßstoff abschmecken, den restlichen Joghurt mit dem Kakao und Rum verrühren und ebenfalls mit Süßstoff süßen. Den Joghurt schichtweise über die Kirschen geben und vorsichtig mit einer Gabel einen Marmoreffekt rühren.

1 Person

Eiweiß	Fett	KH	BE	kcal
5 g	3 g	13 g	1	105

Marmorspeise, 1 Portion.

Königincreme

1 Pers.	3 Pers.	Zutaten
50 g	150 g	Äpfel
10 g	30 g	rote Diabetikerkonfitüre
15 g	45 g	Weißwein
15 g	45 g	Wasser
10 g	30 g	Eiweiß
1 Bl.	3 Bl.	weiße Gelatine
1/2 TL	10 g	Zitronensaft
flüssiger Süßstoff		

Die Äpfel grob zerschneiden und in dem Wasser dünsten. Mit der Konfitüre und dem Weißwein verrühren, den Zitronensaft und Süßstoff dazugeben, abschmecken. Die nach Anweisung vorbereitete Gelatine darunterrühren und das Apfelkompott kalt stellen.
Das Eiweiß zu festem Schnee schlagen und unter das abgekühlte, aber noch nicht feste Kompott heben.
Gut gekühlt servieren.

1 Person

Eiweiß	Fett	KH	BE	kcal
2 g	—	12 g	1	65

Mokkacreme

1 Pers.	3 Pers.	Zutaten
125 g	375 g	Milch (1,5 % F.)
7 g	20 g	Vanillepuddingpulver
10 g	30 g	Eiweiß
5 g	15 g	Pulverkaffee
flüssiger Süßstoff		

Mit einem Teil der Milch das Puddingpulver anrühren, die übrige Milch mit dem Pulverkaffee aufkochen, das angerührte Puddingpulver einrühren, nochmals aufkochen, mit Süßstoff süßen.
Das Eiweiß zu festem Schnee schlagen und vorsichtig unter die noch heiße Speise heben.

1 Person

Eiweiß	Fett	KH	BE	kcal
5 g	2 g	12 g	1	90

Obstsalat

1 Pers.	3 Pers.	Zutaten
25 g	75 g	Äpfel
25 g	75 g	Birnen
25 g	75 g	Orangen
20 g	60 g	Kirschen
5 g	15 g	Zitronensaft
flüssiger Süßstoff		

Die Äpfel und Birnen in dünne Scheiben schneiden, die Orange filieren und die Kirschen halbieren.
Das Obst mit dem Zitronensaft und Süßstoff mischen und mehrere Stunden durchziehen lassen.

1 Person — Titelfoto

Eiweiß	Fett	KH	BE	kcal
—	—	12 g	1	55

Pfirsich „Surprise“

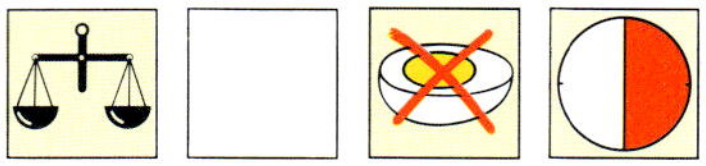

1 Pers.	3 Pers.	Zutaten
60 g	180 g	Dunstpfirsiche
10 g	30 g	rote Diabetiker-konfitüre
10 g	30 g	Eiweiß
flüssiger Süßstoff, Zimt		

Die Pfirsiche abtropfen lassen, mit der Wölbung nach unten in eine feuerfeste Form legen und mit der Konfitüre füllen.
Das Eiweiß zu festem Schnee schlagen, mit Süßstoff und Zimt abschmecken. Über die Konfitüre verteilen.
Den Backofen vorheizen und die Eihaube bei 250° C zu Baiser backen.

1Person

Eiweiß	Fett	KH	BE	kcal
2 g	—	11 g	1	55

Pfirsich „Surprise“, 1 Portion.

Pfirsich-Halbgefrorenes

1 Pers.	3 Pers.	Zutaten
60 g	180 g	Dunstpfirsiche
20 g	60 g	Vollei
5 g	15 g	Wasser
5 g	15 g	Diabetikerzucker
20 g	60 g	Sahne (28 % F.)
Zitronensaft, flüssiger Süßstoff		

Das Ei mit dem Wasser verrühren und mit dem Diabetikerzucker schaumig schlagen. Die Sahne steif schlagen und unterheben.
Die Pfirsiche fein zerdrücken, mit der Masse verrühren, mit Süßstoff und Zitronensaft abschmecken.
In eine Gefrierschale füllen und etwa 3 Stunden in das Gefrierfach stellen. Dabei mehrmals mit einer Gabel umrühren.

1Person

Eiweiß	Fett	KH	BE	kcal
4 g	9 g	12 g	1	145

Pfirsich-Halbgefrorenes, 1 Portion.

Rotweincreme

1 Pers.	3 Pers.	Zutaten
50 g	150 g	Rotwein
60 g	180 g	Wasser
10 g	30 g	Eiweiß
1 Bl.	3 Bl.	rote Gelatine
Zitronensaft, flüssiger Süßstoff		

Den Rotwein und das Wasser mit der nach Anweisung vorbereiteten Gelatine verrühren, mit Zitronensaft und Süßstoff abschmecken und kalt stellen.
Das Eiweiß zu festem Schnee schlagen und unter die dicklich werdende Creme ziehen.
Gut durchkühlen lassen.

1Person

Eiweiß	Fett	KH	BE	kcal
4 g	—	1 g	—	50

Rotweincreme, 1 Portion.

Rote Grütze

1 Pers.	3 Pers.	Zutaten
55 g	165 g	Johannisbeeren
150 g	450 g	Wasser
8 g	25 g	Sago
10 g	30 g	Sahne (28 % F.)
1/2 Bl.	1 1/2 Bl.	rote Gelatine
flüssiger Süßstoff		

Die Johannisbeeren mit dem Wasser und dem Sago unter Rühren aufkochen und langsam ausquellen lassen, bis der Sago glasig ist.
Die nach Anweisung vorbereitete Gelatine hineinrühren und mit Süßstoff süßen. Die Rote Grütze in ein Schälchen füllen und kalt stellen.
Vor dem Servieren die flüssige Sahne darübergießen.

1Person Foto S. 172/173

Eiweiß	Fett	KH	BE	kcal
2 g	3 g	13 g	1	90

Rhabarberbaiser

1 Pers.	3 Pers.	Zutaten
75 g	225 g	Rhabarber
15 g	45 g	Eiweiß
5 g	15 g	Diabetikerzucker
15 g	45 g	Wasser
Mark von 1/4	Mark von 3/4	Vanilleschote
flüssiger Süßstoff		

Den Rhabarber in etwa 2 cm große Stücke schneiden und mit dem Wasser in einem geschlossenen Topf weich dünsten. Mit Süßstoff und dem Vanillemark abschmecken und in eine feuerfeste Form füllen.
Das Eiweiß mit dem Diabetikerzucker zu festem Schnee schlagen und über den Rhabarber verteilen. Den Backofen vorheizen und die Eihaube bei 250° C zu Baiser backen.

1Person

Eiweiß	Fett	KH	BE	kcal
2 g	—	8 g	1/2	40

Schokoladenspeise

1 Pers.	3 Pers.	Zutaten
125 g	375 g	Milch (1,5 % F.)
1 Bl.	3 Bl.	weiße Gelatine
1/2 TL	10 g	Kakao
10 g	30 g	Eiweiß
10 g	30 g	Wasser
flüssiger Süßstoff		

Das Wasser und den Kakao vermischen, aufkochen, die Milch dazugießen und mit Süßstoff süßen. Die nach Anweisung vorbereitete Gelatine darunterrühren und die Speise in den Kühlschrank stellen.
Das Eiweiß zu festem Schnee schlagen und unter die dicklich werdende Speise ziehen. Gut durchkühlen lassen.

1Person

Eiweiß	Fett	KH	BE	kcal
7 g	3 g	7 g	1/2	80

Überbackene Johannisbeeren

1 Pers.	3 Pers.	Zutaten
100 g	300 g	rote Johannisbeeren
15 g	45 g	Eiweiß
3 g	10 g	Diabetikerzucker

Das Eiweiß mit dem Diabetikerzucker zu festem Schnee schlagen.
Die Johannisbeeren gut abtropfen lassen, mit dem Eischnee vermischen und in eine feuerfeste Form füllen.
Den Backofen auf 180° C vorheizen und den Johannisbeerschnee auf der obersten Schiene etwa 10 Minuten überbacken.

1Person Foto S. 172/173

Eiweiß	Fett	KH	BE	kcal
3 g	—	13 g	1	65

Rhabarberquark

1 Pers.	3 Pers.	Zutaten
75 g	225 g	Rhabarber
50 g	150 g	Magerquark
20 g	60 g	Milch (1,5 % F.)
15 g	45 g	Wasser
Mark von 1/4	Mark von 3/4	Vanilleschote
flüssiger Süßstoff		

Den Rhabarber in etwa 2 cm große Stücke schneiden, mit Süßstoff und dem Wasser in einem geschlossenen Topf garen, evtl. noch nachsüßen.

Den Quark mit der Milch glattrühren, mit dem Vanillemark und Süßstoff abschmecken und abwechselnd mit dem Rhabarber in ein Schälchen schichten.
Den Rhabarberquark im Kühlschrank gut durchkühlen lassen.

1Person

Eiweiß	Fett	KH	BE	kcal
8 g	1 g	5 g	—	60

Vanilleapfel

1 Pers.	3 Pers.	Zutaten
50 g	150 g	Äpfel m. Schale
65 g	195 g	Milch (1,5 % F.)
3 g	10 g	Vanillepuddingpulver
50 g	150 g	Wasser
Mark von 1/4	Mark von 3/4	Vanilleschote
flüssiger Süßstoff		

Das Wasser mit dem Vanillemark und Süßstoff abschmecken und aufkochen. Die Äpfel schälen, das Kerngehäuse entfernen und in dem Wasser garen, dann abtropfen lassen.
Die Milch und das Puddingpulver verrühren, unter Rühren aufkochen, mit Süßstoff süßen. Unter häufigem Rühren abkühlen lassen.
Die Vanillesauce über die Äpfel gießen.

1Person

Eiweiß	Fett	KH	BE	kcal
2 g	1 g	12 g	1	70

Schmorapfel mit Weinschaumsauce

1 Pers.	3 Pers.	Zutaten
95 g	290 g	Äpfel
20 g	60 g	Vollei
25 g	75 g	Weißwein
5	15	Haselnüsse
15 g	45 g	Wasser
Zitronensaft, flüssiger Süßstoff, Zimt		

Die Äpfel in eine feuerfeste Form setzen. Die Nüsse grob hacken, mit Zimt mischen und über die Äpfel streuen. Das Wasser dazugießen. Im Backofen auf mittlerer Schiene bei 180° C etwa 25 Minuten schmoren.
In einer hohen Rührschüssel das Ei mit dem Wein verquirlen und im heißen Wasserbad so lange schlagen, bis eine dickliche, schaumige Sauce entsteht. Mit Süßstoff und Zitronensaft abschmecken. Die Weinschaumsauce über den heißen Apfel gießen.

1Person

Eiweiß	Fett	KH	BE	kcal
4 g	6 g	13 g	1	140

Schmorapfel mit Weinschaumsauce, 1 Portion.

Westfälische Speise

1 Pers.	3 Pers.	Zutaten
125 g	375 g	Kefir (3,5 % F.)
25 g	75 g	Sauerkirschen (frisch oder als Dunstobst)
5 g	15 g	Schwarzbrot oder Pumpernickel
1/2 Bl.	1 1/2 Bl.	weiße Gelatine
Zitronensaft, flüssiger Süßstoff		

Den Kefir mit Zitronensaft und Süßstoff abschmecken und mit der nach Anweisung vorbereiteten Gelatine verrühren. Die Sauerkirschen darunterheben.
Die Speise in ein Schälchen füllen und kalt stellen.
Das Schwarzbrot oder den Pumpernickel fein reiben und über die Nachspeise streuen.

1Person

Eiweiß	Fett	KH	BE	kcal
6 g	5 g	11 g	1	120

Welfencreme

1 Pers.	3 Pers.	Zutaten
120 g	360 g	Milch (1,5 % F.)
25 g	75 g	Weißwein
30 g	90 g	Vollei
5 g	15 g	Eiweiß
8 g	25 g	Stärkemehl
Mark von 1/4	Mark von 3/4	Vanilleschote
Zitronensaft, flüssiger Süßstoff		

Mit einem Teil der Milch das Stärkemehl anrühren. Die übrige Milch aufkochen, das angerührte Stärkemehl einrühren, nochmals aufkochen, mit Vanillemark und Süßstoff abschmecken.
Das Eiweiß zu festem Schnee schlagen, unter den Flammeri heben und kalt stellen.
In einer hohen Rührschüssel das Ei mit dem Wein verquirlen und im heißen Wasserbad so lange schlagen, bis eine dickliche, schaumige Sauce entsteht. Mit Süßstoff und Zitronensaft abschmecken. Die warme Sauce über den Flammeri gießen.

1Person

Eiweiß	Fett	KH	BE	kcal
8 g	5 g	13 g	1	160

Welfencreme (links), Westfälische Speise (rechts), je 1 Portion.

Vanillecreme

1 Pers.	3 Pers.	Zutaten
125 g	375 g	Milch (1,5 % F.)
7 g	20 g	Vanillepuddingpulver
10 g	30 g	Eiweiß
flüssiger Süßstoff		

Mit einem Teil der Milch das Puddingpulver anrühren, die übrige Milch aufkochen, das angerührte Puddingpulver einrühren, nochmals aufkochen, mit Süßstoff süßen.
Das Eiweiß zu festem Schnee schlagen und vorsichtig unter die noch heiße Speise heben.

1Person

Eiweiß	Fett	KH	BE	kcal
5 g	2 g	12 g	1	90

Vanillecreme, 1 Portion.

Vanillespeise mit Erdbeeren

1 Pers.	3 Pers.	Zutaten
65 g	195 g	Milch (1,5 % F.)
80 g	240 g	Erdbeeren
3 g	10 g	Vanillepuddingpulver
5 g	15 g	Eiweiß
5 g	15 g	Kirschwasser
flüssiger Süßstoff		

Das Puddingpulver mit der Milch verrühren und unter Rühren aufkochen. Das Eiweiß zu festem Schnee schlagen und unter die noch heiße Speise heben. Die Vanillecreme mit Süßstoff süßen und in ein Schälchen füllen.
Die Erdbeeren je nach Größe vierteln, das Kischwasser darüberträufeln und mit Süßstoff süßen. Über die Vanillespeise geben und kalt stellen.

1Person

Eiweiß	Fett	KH	BE	kcal
3 g	1 g	12 g	1	85

Zitronencreme

1 Pers.	3 Pers.	Zutaten
90 g	270 g	Milch (1,5 % F.)
10 g	30 g	Sahne (28 % F.)
10 g	30 g	Eiweiß
30 g	90 g	Zitronensaft
1 Bl.	3 Bl.	weiße Gelatine
flüssiger Süßstoff		

Die Milch mit der nach Anweisung vorbereiteten Gelatine verrühren. Unter Rühren den Zitronensaft dazugeben und die Creme kalt stellen. Wenn die Creme zu gelieren beginnt, das Eiweiß zu Schnee und die Sahne steif schlagen und beides darunterheben; mit Süßstoff süßen.
Die Zitronencreme kalt stellen.

1 Person

Eiweiß	Fett	KH	BE	kcal
5 g	5 g	7 g	1/2	90

Weißweingelee mit Apfel

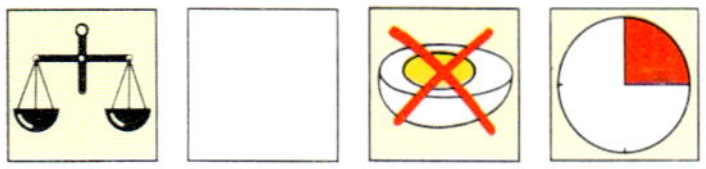

1 Pers.	3 Pers.	Zutaten
50 g	150 g	Äpfel mit Schale
30 g	90 g	Weißwein
45 g	135 g	Wasser
1/2 Bl.	1 1/2 Bl.	weiße Gelatine
1/2 TL	10 g	Zitronensaft
flüssiger Süßstoff		

Den Weißwein und 2/3 des Wassers mit der nach Anweisung vorbereiteten Gelatine verrühren, mit Zitronensaft und Süßstoff abschmecken. Die Äpfel schälen, in kleine Scheiben schneiden, in dem restlichen Wasser kurz dünsten, vorsichtig in das noch nicht feste Gelee rühren und abschmecken.
Zum Festwerden in den Kühlschrank stellen.

1 Person

Eiweiß	Fett	KH	BE	kcal
1 g	—	7 g	1/2	50

Zitronencreme (vorn), Weißweingelee mit Apfel (hinten), je 1 Portion.

Apfeltaschen, 1 Portion (vorn; Rezept S. 214),
Windbeutel mit Vanillecreme,
1 Portion (rechts; Rezept S. 213),
Linzer Gebäck, 1 Portion (links; Rezept S. 214),
Schokoladenkuchen (Mitte hinten; Rezept S. 205),
Nußkuchen (links oben; Rezept S. 205),
das ganze Rezept und je 1 Portion extra.

Gebäck

Gebäck kann im Austausch
gegen Brot in die Diät
mit eingeplant werden.
Süßstoff und Diabetikerzucker
(Zuckeraustauschstoff)
können nicht wechselweise verwendet werden
(siehe ,,Hinweise zu den Zutaten").

Kuchen

	g KH	BE	kcal	Seite
Apfelkuchen	12	1	85	197
Biskuitteig	13	1	85	201
Gewürzkuchen	12	1	90	201
Hefeteig (Grundrezept)	12	1	70	199
Marmorkuchen	12	1	135	203
Nußkuchen	12	1	115	205

	g KH	BE	kcal	Seite
Orangenkuchen	12	1	95	203
Pflaumenkuchen	25	2	135	199
Quarkkuchen	14	1	155	204
Rhabarbertorte	13	1	135	203
Sandkuchen	12	1	90	201
Schokoladenkuchen	12	1	110	205

Apfelkuchen

Zutaten	
240 g Äpfel mit Schale	60 g Eiweiß
	$^1/_4$ TL Backpulver
120 g Mehl	abgeriebene Schale von $^1/_2$ ungespritzten Zitrone
50 g Diabetikerzucker	
30 g Margarine	flüssiger Süßstoff
40 g Eigelb	Salz

Die Margarine mit der Hälfte des Diabetikerzuckers schaumig rühren. Die Zitronenschale zusammen mit dem Eigelb und einer Prise Salz unter die Margarine rühren.
Die Äpfel schälen, grob raspeln und unter die Masse heben, nach Geschmack mit Süßstoff süßen. Das Eiweiß mit dem restlichen Diabetikerzucker zu festem Schnee schlagen und vorsichtig unter die Äpfel-Eischaum-Masse ziehen. Das Mehl und das Backpulver über die Masse sieben und vorsichtig verrühren.
Den Teig in eine kleine, gefettete Kastenform füllen und bei 200° C etwa 40 Minuten backen.
Teilen Sie diesen Kuchen in 14 gleich große Stücke.

Das ganze Rezept:

Eiweiß	Fett	KH	BE	kcal
27 g	39 g	170 g	14	1185
1 Stück Kuchen von 35 g (etwa $^1/_{14}$ Rezept):				
2 g	3 g	12 g	1	85

Apfelkuchen, das ganze Rezept und 1 Portion extra.

Hefeteig (Grundrezept)

Zutaten	
250 g Mehl	15 g Margarine
50 g Milch (1,5 % F.)	1/2 TL Diabetikerzucker
15 g Hefe	flüssiger Süßstoff
90 g Wasser	Salz

Die Milch mit dem Wasser erwärmen. In einen Teil davon die zerbröckelte Hefe und den Diabetikerzucker geben und an einer warmen Stelle etwa 10 Minuten gehen lassen. Die Hefe zusammen mit dem Mehl, der restlichen Flüssigkeit, der Margarine, dem Süßstoff und einer Prise Salz zu einem Teig verarbeiten und gut durchkneten. An einer warmen Stelle gehen lassen, bis er das doppelte Volumen erreicht hat. Dann nochmals gut durchkneten. Weiterverarbeiten entsprechend des gewünschten Rezeptes (siehe u.a. Pflaumenkuchen).

Das ganze Rezept:

Eiweiß	Fett	KH	BE	kcal
31 g	16 g	190 g	16	1080
25 g roher Teig (etwa 1/16 Rezept):				
2 g	1 g	12 g	1	70

Pflaumenkuchen

Zutaten	
1 Hefeteig (Grundrezept)	10 g Vanillepuddingpulver
300 g halbierte Pflaumen	Mark von 1/4 Vanilleschote
125 g Milch (1,5 % F.)	flüssiger Süßstoff

Den Hefeteig nach dem Grundrezept herstellen.
Mit einem Teil der Milch das Puddingpulver anrühren. Die restliche Milch aufkochen, das angerührte Puddingpulver hineinrühren, nochmals kurz aufkochen und Süßstoff und das Vanillemark daruntermischen.
Den Hefeteig auf einem leicht gefetteten Blech ausrollen und die Vanillecreme noch warm darauf verteilen. Die Pflaumen gleichmäßig darauflegen.
Den Kuchen an einer warmen Stelle 15 Minuten gehen lassen. Bei 200° C etwa 35 Minuten backen.
Teilen Sie diesen Kuchen in 10 gleich große Stücke.

Das ganze Rezept:

Eiweiß	Fett	KH	BE	kcal
37 g	18 g	248 g	20	1360
1 Stück gleich 1/10 Rezept:				
4 g	2 g	25 g	2	135

Hefeteig (Grundrezept) (links), Pflaumenkuchen, das ganze Rezept und 1 Portion extra (rechts).

Gewürzkuchen

Zutaten	
100 g Vollei	1/4 TL Backpulver
80 g Mehl	50 g Wasser
40 g Stärkemehl	1 TL Zimt
40 g Diabetiker-zucker	2 Msp. Kardamom
	1 Msp. gemahlene Nelken
30 g Margarine	
10 g Kakao	flüssiger Süßstoff
	Salz

Die Margarine mit einem Teil des Diabetikerzuckers schaumig rühren. Die Eier mit dem Wasser und mit dem restlichen Diabetikerzucker schaumig schlagen und mit der Margarine verrühren.
Das Mehl, Stärkemehl, Backpulver, eine Prise Salz, den Kakao, Zimt, Kardamom und die Nelken darübersieben und unterrühren. Den Teig eventuell mit Süßstoff süßen.
In eine kleine, ausgefettete Kastenform füllen und bei 200° C etwa 35 Minuten backen.
Teilen Sie diesen Kuchen in 12 gleich große Stücke.

Das ganze Rezept:

Eiweiß	Fett	KH	BE	kcal
25 g	40 g	139 g	12	1060
1 Stück Kuchen von 25 g (etwa 1/12 Rezept):				
2 g	3 g	12 g	1	90

Gewürzkuchen, das ganze Rezept und 2 Portionen extra.

Biskuitteig

Zutaten	
110 g Vollei	Mark von 1/4 Vanilleschote
30 g Diabetiker-zucker	abgeriebene Schale von 1/2 ungespritzten Zitrone
25 g Mehl	
30 g Stärkemehl	
	Salz

Die Eier mit dem Diabetikerzucker cremig schlagen. Das Mehl und das Stärkemehl darübersieben und zusammen mit dem Vanillemark, der Zitronenschale und einer Prise Salz unter den Eischaum heben.
Je nach Weiterverwendung den Teig
- auf ein mit Pergamentpapier ausgelegtes Papier streichen; bei 220° C backen. Den gebackenen Boden in einem feuchten Tuch aufrollen und auskühlen lassen. Die Rolle mit einem 3-Personen-Rezept Zitronencreme (s. Seite 192) füllen.
- in 6 kleine, ausgefettete Backformen füllen; bei 200° C backen.
- als Tortenboden in eine ausgefettete Springform füllen; bei 180°—200° C backen.

Der Biskuitteig kann mit Obst belegt und mit einem Gelatineguß überzogen werden.

Das ganze Rezept:

Eiweiß	Fett	KH	BE	kcal
17 g	13 g	75 g	6	505
1 Stück Biskuit — auf dem Blech gebacken — von 25 g (etwa 1/6 Rezept):				
3 g	2 g	13 g	1	85

Sandkuchen

Zutaten	
95 g Mehl	30 g Milch (1,5 % F.)
95 g Stärkemehl	
75 g Diabetiker-zucker	1/2 TL Backpulver
	1 Fläschchen Bittermandelaroma
105 g Eiweiß	
60 g Eigelb	flüssiger Süßstoff
50 g Margarine	Salz

Das Eigelb und die Milch mit der Hälfte des Diabetikerzuckers schaumig schlagen. Das Eiweiß mit dem Rest Diabetikerzucker zu Schnee schlagen und unter die Eigelbmasse heben.
Das Mehl mit dem Stärkemehl und dem Backpulver auf den Eischaum sieben und vorsichtig unterheben. Mit dem Bittermandelaroma, Süßstoff und Salz abschmecken.
Die Margarine flüssig werden lassen, abkühlen und unter die Masse rühren.
Den Sandkuchen in einer ausgefetteten, kleinen Kastenform bei 200° C etwa 40 Minuten backen.
Teilen Sie diesen Kuchen in 19 gleich große Stücke.

Das ganze Rezept:

Eiweiß	Fett	KH	BE	kcal
33 g	61 g	230 g	19	1670
1 Stück Kuchen von 20 g (etwa 1/19 Rezept):				
2 g	3 g	12 g	1	90

Orangenkuchen, das ganze Rezept und 1 Portion extra.

Orangenkuchen

Zutaten	
150 g Mehl	abgeriebene Schale von 1 ungespritzten Orange
50 g Diabetikerzucker	
110 g Vollei	1 TL Backpulver
50 g Margarine	evtl. flüssiger Süßstoff
50 g Orangensaft	
20 g Zitronensaft	Salz

Die Margarine mit der Hälfte des Zuckeraustauschstoffes schaumig rühren. Die Eier mit dem restlichen Diabetikerzucker ebenfalls schaumig rühren und mit der Margarine mischen.
Das Mehl mit dem Backpulver und einer Prise Salz auf die Eimasse sieben und zusammen mit der Orangenschale unter die Eimasse rühren, eventuell mit Süßstoff nachsüßen.
Den Teig in eine ausgefettete kleine Kastenform füllen. Bei 200° C etwa 40 Minuten backen.
Den Orangensaft mit dem Zitronensaft mischen.
Den noch heißen Kuchen stürzen, mit einem Holzstäbchen gleichmäßig einstechen und mit dem gemischten Saft beträufeln.
Teilen Sie diesen Kuchen in 14 gleich große Stücke.

Das ganze Rezept:

Eiweiß	Fett	KH	BE	kcal
31 g	54 g	169 g	14	1340
1 Stück Kuchen von 25 g (etwa 1/14 Rezept):				
2 g	4 g	12 g	1	95

Rhabarbertorte

Zutaten	
150 g Mehl	45 g Eiweiß
50 g Margarine	3 Bl. weiße Gelatine
30 g Vollei	400 g Rhabarber
5 g Rum	100 g Sahne (28 % F.)
400 g Milch (1,5 % F.)	25 g Mandeln
30 g Vanillepuddingpulver	45 g Wasser
	flüssiger Süßstoff
	Salz

Die Mandeln überbrühen, abziehen, grob hacken und in einer heißen Pfanne goldbraun rösten.
Das Mehl auf ein Brett sieben, die Margarine in Stücken, das Ei, den Rum, eine Prise Salz und Süßstoff dazugeben und alle Zutaten zu einem glatten Mürbeteig verkneten.
Eine Springform sparsam ausfetten, den Teig gleichmäßig auf den Boden drücken, mit einer Gabel einstechen und bei 200° C etwa 15 Minuten backen.
Das Puddingpulver mit einem Teil der Milch anrühren. Die restliche Milch zum Kochen bringen, das angerührte Puddingpulver hineinrühren, aufkochen, von der Kochstelle nehmen. Die nach Anweisung vorbereitete Gelatine darunterrühren.
Das Eiweiß steif schlagen und unter den Pudding ziehen, mit Süßstoff abschmecken und kalt stellen.
Den Rhabarber in etwa 2 cm große Stücke schneiden, mit dem Wasser und Süßstoff in einem geschlossenen Topf weich dünsten und eventuell nachsüßen. Auf einem Sieb abtropfen lassen. Das Kompott auf den gebackenen Teigboden streichen und abkühlen lassen.
Die Sahne steif schlagen, unter den abgekühlten Pudding ziehen, mit Süßstoff nachsüßen und über das Kompott verteilen.
Die Mandeln darüberstreuen und die Rhabarbertorte mindestens 3 Stunden im Kühlschrank stehen lassen.
Die Torte in 14 gleich große Stücke teilen.

Das ganze Rezept:

Eiweiß	Fett	KH	BE	kcal
53 g	93 g	177 g	14	1880
1 Stück Torte gleich 1/14 Rezept:				
4 g	7 g	13 g	1	135

Marmorkuchen

Zutaten	
150 g Mehl	40 g Haselnüsse
50 g Stärkemehl	10 g Rum
275 g Vollei	5 g Kakao
100 g Margarine	1 1/2 TL Backpulver
55 g Diabetikerzucker	flüssiger Süßstoff
	Salz
40 g Milch (1,5 % F.)	

Die Margarine mit dem Stärkemehl und der Milch schaumig rühren. Die Eier mit dem Diabetikerzucker ebenfalls schaumig rühren und nach und nach mit der schaumig gerührten Margarine mischen. Das Mehl, Backpulver und eine Prise Salz daraufsieben und zu einem glatten Teig verarbeiten.
Die Haselnüsse mahlen. Den Teig halbieren, unter die eine Hälfte den

Quarkkuchen, das ganze Rezept und 1 Portion extra.

Rum und Kakao rühren, unter die andere die Haselnüsse.
Beide Teighälften nach Geschmack mit Süßstoff abschmecken, übereinander in eine leicht gefettete, kleine Kastenform füllen und mit einer Gabel spiralförmig durchziehen.
Bei 200° C etwa 45 Minuten backen.
Teilen Sie diesen Kuchen in 18 gleich große Stücke.

Das ganze Rezept:

Eiweiß	Fett	KH	BE	kcal
60 g	139 g	221 g	18	2510
1 Stück Kuchen von 35 g (etwa $^1/_{18}$ Rezept):				
3 g	8 g	12 g	1	135

Quarkkuchen

Zutaten	
130 g Mehl	5 Bl. weiße
50 g Margarine	Gelatine
30 g Vollei	Mark von
1 Msp. Backpulver	$^1/_2$ Vanilleschote
5 g Rum	15 g Zitronensaft
500 g Magerquark	35 g Eiweiß
200 g Orangen	flüssiger Süßstoff
20 g Eigelb	Salz

Das Mehl zusammen mit dem Backpulver auf ein Brett sieben, die Margarine in Stücken, das Ei, den Rum, eine Prise Salz und Süßstoff dazugeben und alle Zutaten zu einem glatten Mürbeteig verkneten. Eine Springform sparsam ausfetten, den Teig gleichmäßig auf den Boden drücken, mit einer Gabel einstechen

und bei 200° C etwa 15 Minuten backen.
Den Quark mit dem Eigelb verrühren und die nach Anweisung vorbereitete Gelatine zugeben. Mit dem Vanillemark, Zitronensaft und Süßstoff abrunden. Das Eiweiß zu festem Schnee schlagen und unter die Quarkmasse ziehen.
Die Hälfte der Quarkmasse auf den Mürbeteigboden streichen; die Orangen in Stücke schneiden und gleichmäßig darauf verteilen und die restliche Quarkmasse darüberstreichen.
Den Kuchen kalt stellen.
Den Quarkkuchen in 10 gleich große Stücke teilen.

Das ganze Rezept:

Eiweiß	Fett	KH	BE	kcal
103 g	53 g	141 g	10	1530
1 Stück Kuchen gleich 1/10 Rezept:				
10 g	5 g	14 g	1	155

Nußkuchen

Zutaten	
75 g Mehl	100 g Haselnüsse
75 g Stärkemehl	25 g Margarine
60 g Diabetikerzucker	20 g Weinbrand
	1/4 TL Backpulver
240 g Eiweiß	flüssiger Süßstoff
	Salz

Die Haselnüsse fein mahlen, in einer Pfanne kurz anrösten, abkühlen lassen.
Das Eiweiß mit dem Diabetikerzucker zu Schnee schlagen und die Haselnüsse, das Mehl, Stärkemehl, Backpulver und eine Prise Salz daraufsieben und zu einem Teig verarbeiten.
Die Margarine flüssig werden lassen, abkühlen und zusammen mit dem Weinbrand unter den Teig rühren.
Nach Wunsch mit Süßstoff nachsüßen.
Den Nußkuchen in einer gefetteten, kleinen Kastenform bei 200° C etwa 40 Minuten backen.
Teilen Sie diesen Kuchen in 16 gleich große Stücke.

Das ganze Rezept: Foto S. 194/195

Eiweiß	Fett	KH	BE	kcal
49 g	83 g	196 g	16	1850
1 Stück Kuchen von 30 g (etwa 1/16 Rezept):				
3 g	5 g	12 g	1	115

Schokoladenkuchen

Zutaten	
150 g Mehl	140 g Eiweiß
35 g Schokoladenpuddingpulver	80 g Margarine
	1 1/4 TL Backpulver
10 g Kakao	40 g warmes Wasser
75 g Diabetikerzucker	
	flüssiger Süßstoff
80 g Eigelb	Salz

Das Eigelb mit dem Wasser und der Hälfte des Diabetikerzuckers cremig schlagen. Das Eiweiß mit dem restlichen Diabetikerzucker zu festem Schnee schlagen und unter die Eigelbmasse heben.
Das Mehl mit dem Backpulver, Puddingpulver und Kakao auf die Masse sieben und darunterziehen. Die Margarine flüssig werden lassen, abkühlen und mit dem Teig verrühren; eventuell mit Süßstoff und einer Prise Salz abschmecken.
Den Teig in eine ausgefettete, kleine Kastenform füllen und bei 200° C etwa 35 Minuten backen.
Teilen Sie diesen Kuchen in 18 gleich große Stücke.

Das ganze Rezept: Foto S. 194/195

Eiweiß	Fett	KH	BE	kcal
48 g	95 g	217 g	18	2000
1 Stück Kuchen von 30 g (etwa 1/18 Rezept):				
3 g	5 g	12 g	1	110

Kleingebäck

	g KH	BE	kcal	Seite
Apfel im Schlafrock	13	1	135	211
Apfeltaschen	24	2	150	214
Berliner Brot	13	1	145	208
Gefüllte Krapfen mit Erdbeersauce	14	1	150	207
Käsegebäck	13	1	210	211
Linzer Gebäck	12	1	115	214
Mailänder Teegebäck	12	1	120	213

	g KH	BE	kcal	Seite
Pfeffernüsse	12	1	100	208
Quarkblätterteig (Grundrezept)	13	1	195	211
Schweinsöhrchen	13	1	195	211
Spritzgebäck	13	1	100	213
Vanillemonde	12	1	110	209
Windbeutel mit Vanillecreme	13	1	140	213
Zimtbrezeln	12	1	110	209

Gefüllte Krapfen mit Erdbeersauce

Das ganze Rezept:

Eiweiß	Fett	KH	BE	kcal
52 g	28 g	81 g	6	895
2 Krapfen mit Sauce gleich $^1/_6$ Rezept:				
9 g	5 g	14 g	1	150

Zutaten	
50 g Mehl	1 Msp. Backpulver
80 g Vollei	240 g Quark
20 g Margarine	450 g Erdbeeren
80 g Wasser	30 g Kirschwasser
abgeriebene Schale von $^1/_2$ ungespritzten Zitrone	Saft von $^1/_2$ Zitrone flüssiger Süßstoff Salz
Mark von 1 Vanilleschote	

Gefüllte Krapfen mit Erdbeersauce, das ganze Rezept und 1 Portion extra.

In einem Topf das Wasser mit der Margarine, Salz, der Zitronenschale und dem Vanillemark aufkochen, das Mehl hineinsieben und auf der Kochstelle zu einem Kloß rühren. Den Brandteig abkühlen lassen und das Ei und Backpulver hineinrühren. Den Teig mit einem Spritzbeutel in 12 gleich große Tupfen auf ein leicht gefettetes Blech spritzen. Die Krapfen bei 200° C etwa 20 Minuten backen, abkühlen lassen und waagerecht aufschneiden.
Den Quark mit dem Zitronensaft verrühren und mit Süßstoff süßen. Die Krapfenhälften gleichmäßig damit bestreichen und wieder zusammensetzen.
Die Erdbeeren fein pürieren, mit dem Kirschwasser aromatisieren und mit Süßstoff süßen. Diese Sauce gleichmäßig über die Krapfen gießen.

Berliner Brot

Zutaten	
140 g Mehl	25 g Mandeln
3 g Kakao	1/2 TL Backpulver
50 g Margarine	5 g Eiweiß
30 g Vollei	1 Msp. Kardamom
20 g Milch (1,5 % F.)	1 Msp. Muskat
	1 Msp. Zimt
25 g Haselnüsse	flüssiger Süßstoff

Die Margarine und das Ei mit der Milch verrühren. Die Haselnüsse grob hacken, die Mandeln überbrühen, abziehen und ebenfalls grob hacken, zusammen mit den Nüssen dazugeben. Das Mehl zusammen mit dem Kakao, Backpulver, Kardamom, Muskat und Zimt daraufsieben. Alles zu einem Teig verarbeiten, mit Süßstoff süßen und etwa 1 Stunde kühl stellen.
Das Backblech ausfetten, den Teig 1 cm dick darauf ausrollen und mit Eiweiß bestreichen. Bei 200° C etwa 15 Minuten backen.
Das noch warme Gebäck in 4 x 2 cm große Rechtecke schneiden.

Das ganze Rezept:

Eiweiß	Fett	KH	BE	kcal
29 g	75 g	114 g	9	1305
25 g Berliner Brot (etwa 1/9 Rezept):				
3 g	8 g	13 g	1	145

Pfeffernüsse

Zutaten	
240 g Mehl	1 EL Rosenwasser
60 g Mandeln	1 TL Lebkuchengewürz
80 g Vollei	
30 g Margarine	2 Msp. Hirschhornsalz
15 g Eiweiß	
	flüssiger Süßstoff

Die Mandeln überbrühen, abziehen und fein reiben.
Die Eier mit Süßstoff verquirlen, mit der Margarine schaumig rühren. Das Mehl daraufsieben und unterrühren. Das Hirschhornsalz in dem Rosenwasser auflösen und zusammen mit

den Mandeln und dem Lebkuchengewürz unter den Teig kneten.
Mit Süßstoff abschmecken.
Aus dem Teig etwa 3 cm dicke Rollen formen und im Kühlschrank hart werden lassen.
Ein Blackblech einfetten; von den Teigrollen 1 cm dicke Scheiben abschneiden und darauflegen und bei 200° C etwa 15 Minuten backen.
Das Eiweiß mit Süßstoff verquirlen und kurz vor Ende der Backzeit auf die Pfeffernüsse pinseln.

Das ganze Rezept:

Eiweiß	Fett	KH	BE	kcal
47 g	68 g	188 g	16	1640
25 g Pfeffernüsse (etwa 1/16 Rezept)				
3 g	4 g	12 g	1	100

Zimtbrezeln

Zutaten	
140 g Mehl	30 g Vollei
50 g Margarine	5 g Zimt
20 g saure Sahne	1/2 TL Backpulver
10 g Rum	flüssiger Süßstoff

Die Sahne, die Margarine, den Rum und 2/3 des Eies cremig rühren.
Das Mehl, das Backpulver und den Zimt daraufsieben, unterrühren und mit Süßstoff abschmecken.
Den Teig in 9 Portionen teilen und kühl stellen. Danach aus jeder Portion eine dünne Rolle herstellen und zwei Brezeln daraus formen.
Die Zimtbrezeln auf ein gefettetes Backblech legen, dünn mit dem restlichen verquirlten Ei bestreichen und bei 200° C etwa 15 Minuten backen.

Das ganze Rezept:

Eiweiß	Fett	KH	BE	kcal
20 g	49 g	105 g	9	1005
20 g Zimtbrezeln (etwa 1/9 Rezept):				
2 g	5 g	12 g	1	110

V.l.n.r.: jeweils das ganze Rezept und 1 Portion extra: Berliner Brot, Pfeffernüsse, Zimtbrezeln, Vanillemonde.

Vanillemonde

Zutaten	
40 g Mehl	10 g Vollei
50 g Stärkemehl	Mark von 1/3 Vanilleschote
30 g Vanillepuddingpulver	1 Msp. Backpulver
50 g Margarine	flüssiger Süßstoff
30 g saure Sahne	

Die Margarine und die Sahne glattrühren. Das Mehl, Stärkemehl, Puddingpulver und Backpulver daraufsieben, das Vanillemark dazugeben und einen Teig kneten. Mit Süßstoff abschmecken.
Den Teig 1 Stunde in den Kühlschrank legen.
Den gekühlten Teig ausrollen, Halbmonde ausstechen, auf ein gefettetes Backblech legen, mit dem verquirlten Ei bestreichen und bei 200° C etwa 15 Minuten backen.

Das ganze Rezept:

Eiweiß	Fett	KH	BE	kcal
7 g	47 g	100 g	8	885
20 g Vanillemonde (etwa 1/8 Rezept):				
1 g	6 g	12 g	1	110

1/2 liter

Quarkblätterteig (Grundrezept)

Zutaten	
130 g Margarine (harte Sorte)	130 g Mehl
	Salz
140 g Magerquark	

Die Margarine gut kühlen. Den Quark über einem feinen Sieb abtropfen lassen.
Die Margarine grob in Würfel schneiden und mit dem Quark, Salz und dem gesiebten Mehl so zu einem Teig verarbeiten, daß die Margarine noch teilweise erkennbar ist. Den Teig in den Kühlschrank legen.
Den kalten Teig in 4 Arbeitsgängen jeweils rechteckig ausrollen und von rechts nach links und von vorne nach hinten zusammenlegen. Nach dem zweiten Zusammenlegen sollte der Teig nochmals für etwa 45 Minuten in den Kühlschrank gelegt werden, damit er beim weiteren Ausrollen nicht reißt.

Das ganze Rezept = 400 g Teig:

Eiweiß	Fett	KH	BE	kcal
33 g	106 g	103 g	8	1565
1/8 Rezept = 50 g Teig:				
4 g	13 g	13 g	1	195

V.l.n.r.: Apfel im Schlafrock, in der Zubereitung und fertig, Quarkblätterteig (Grundrezept), Käsegebäck, das ganze Rezept und 1 Portion extra, Schweinsöhrchen, das ganze Rezept und 1 Portion extra.

Käsegebäck

Zutaten	
50 g Quarkblätterteig (Grundrezept)	1/2 TL Vollei
	Paprikapulver
1/2 TL Parmesan	

Den Blätterteig nach dem Grundrezept herstellen und etwa 2 mm stark ausrollen und dünn mit dem Ei bestreichen.
Den Parmesan mit Paprikapulver mischen, auf den Teig streuen und diesen gleichmäßig aufrollen.
Mit einem scharfen Messer dünne Scheiben abschneiden und auf ein mit Wasser bespritztes Blech legen.
Bei 220° C etwa 10 Minuten backen.

1 Person

Eiweiß	Fett	KH	BE	kcal
4 g	14 g	13 g	1	210

Schweinsöhrchen

Zutaten	
50 g Quarkblätterteig (Grundrezept)	1/2 TL Vollei
	flüssiger Süßstoff

Den Blätterteig nach dem Grundrezept zubereiten und etwa 2 mm stark ausrollen, dünn mit dem Ei bestreichen und doppelt einschlagen.
Mit einem scharfen Messer etwa 1/2 cm breite Streifen schneiden, auf ein mit Wasser bespritztes Blech legen und bei 220° C goldgelb backen.
Die fertigen Schweinsöhrchen sofort mit verdünntem Süßstoff bestreichen.

1 Person

Eiweiß	Fett	KH	BE	kcal
4 g	13 g	13 g	1	195

Apfel im Schlafrock

1 Pers.	3 Pers.	Zutaten
25 g	75 g	Quarkblätterteig (Grundrezept)
50 g	150 g	Äpfel mit Schale
5 g	15 g	Vollei
Zimt, flüssiger Süßstoff		

Den Blätterteig nach dem Grundrezept herstellen (links) und viereckig ausrollen.
Die Äpfel schälen, mit Zimt einreiben, auf den Teig setzen und die Teigecken darüber zusammenschlagen. Das Ei mit Süßstoff verquirlen und den Teig damit bestreichen.
Ein Blech mit Wasser bespritzen und darauf die Äpfel im Schlafrock bei 220° C etwa 25 Minuten backen.

1 Person

Eiweiß	Fett	KH	BE	kcal
3 g	7 g	13 g	1	135

Spritzgebäck

Zutaten	
120 g Mehl	Mark von 1/4 Vanilleschote
10 g Kakao	
70 g Diabetiker-zucker	abgeriebene Schale von 1/2 ungespritz-ten Zitrone
60 g Margarine	
60 g Vollei	flüssiger Süßstoff
1 Msp. Backpulver	

Die Margarine mit dem Diabetikerzucker und dem Ei cremig rühren. Das Mehl und Backpulver daraufsieben und unter die Masse rühren. Mit dem Vanillemark, der Zitronenschale und Süßstoff abschmecken.

Den Teig halbieren und einen Teil mit dem Kakao verkneten. Beide Teile abwechselnd eßlöffelweise zusammen in einen Spritzbeutel füllen und in S-Form oder Ringen auf ein gefettetes Backblech spritzen.

Bei 200° C 15—20 Minuten backen.

Das ganze Rezept:

Eiweiß	Fett	KH	BE	kcal
22 g	58 g	163 g	13	1315
15 g Spritzgebäck (etwa 1/13 Rezept):				
2 g	4 g	13 g	1	100

V.l.n.r.: jeweils das ganze Rezept und 1 Portion extra;
unten:
Linzer Gebäck (Rezept S. 214), Mailänder Teegebäck.
Oben: Spritzgebäck, Windbeutel mit Vanillecreme.

Windbeutel mit Vanillecreme

Zutaten	
50 g Mehl	8 g Vanille-puddingpulver
70 g Vollei	
20 g Margarine	20 g Eiweiß
1 Msp. Backpulver	Mark von 1/4 Vanilleschote
80 g Wasser	
125 g Milch (1,5 % F.)	flüssiger Süßstoff
	Salz

In einem Topf das Wasser mit der Margarine und einer Prise Salz aufkochen, das Mehl hineinsieben. Auf der Kochstelle zu einem Kloß rühren. Den Brandteig abkühlen lassen und mit dem Ei und Backpulver verrühren.

Den Teig mit einem Spritzbeutel in 4 gleich große Tupfen auf ein leicht gefettetes Blech spritzen und bei 200° C etwa 25 Minuten backen. Abkühlen lassen und waagerecht aufschneiden.

Das Puddingpulver mit einem Teil der Milch anrühren. Die restliche Milch aufkochen, das angerührte Puddingpulver hineinrühren, nochmals kurz aufkochen lassen, mit Süßstoff und Vanillemark abschmecken.

Das Eiweiß zu festem Schnee schlagen, unter die noch heiße Vanillecreme ziehen und abkühlen lassen. Die Windbeutel mit jeweils der gleichen Menge Creme füllen.

Das ganze Rezept:

Eiweiß	Fett	KH	BE	kcal
21 g	26 g	50 g	4	550
1 Windbeutel (1/4 Rezept):				
5 g	7 g	13 g	1	140

Mailänder Teegebäck

Zutaten	
80 g Mehl	15 g Mandeln
40 g Stärkemehl	1 Msp. Backpulver
45 g Margarine	flüssiger Süßstoff
40 g Vollei	

Die Mandeln überbrühen, abziehen und grob hacken.

Das Mehl mit dem Stärkemehl und Backpulver sieben und zusammen mit 3 Eßlöffeln Ei und der Margarine zu einem glatten Teig verarbeiten. Mit Süßstoff abschmecken und etwa 30 Minuten kühl stellen.

Den Teig 1 cm dick ausrollen und Kreise von etwa 4 cm Durchmesser ausstechen. Dünn mit 1 Eßlöffel verquirltem Ei bepinseln, die Mandeln darüberstreuen und vorsichtig andrücken.

Das Teegebäck auf ein gefettetes Blech legen und bei 200° C etwa 15 Minuten backen.

Das ganze Rezept:

Eiweiß	Fett	KH	BE	kcal
17 g	50 g	97 g	8	945
20 g Mailänder Teegebäck (etwa 1/8 Rezept)				
2 g	6 g	12 g	1	120

Linzer Gebäck

Zutaten	
50 g Mehl	Mark von $^{1}/_{4}$ Vanilleschote
50 g Stärkemehl	
40 g Margarine	$^{1}/_{2}$ TL Backpulver
20 g Vollei	1 Msp. Zimt
10 g Haselnüsse	$1^{1}/_{2}$ ML Eindickungspulver
40 g Kirschmuttersaft	
	flüssiger Süßstoff

Die Haselnüsse fein reiben. Die Margarine mit dem Ei und den Nüssen glattrühren.
Das Mehl mit Stärkemehl, Backpulver und Zimt daraufsieben, Vanillemark und Süßstoff dazugeben und zu einem Teig verkneten.
Den Teig etwa 1 Stunde kühl stellen, dann ausrollen und zu gleichen Teilen in Kreise und Ringe von 3 cm Durchmesser ausstechen. Auf ein gefettetes Backblech legen und bei 200° C backen. Vom Blech nehmen, auskühlen lassen.
Den Kirschmuttersaft mit dem Eindickungspulver cremig anrühren und mit Süßstoff süßen. Mit Hilfe einer Papiertüte etwas angedickten Saft auf die kreisrunden Gebäckstücke spritzen, die Ringe daraufsetzen und das Loch in der Mitte mit dem angedickten Saft ausfüllen.

Das ganze Rezept: Foto S. 212

Eiweiß	Fett	KH	BE	kcal
10 g	41 g	86 g	7	790
25 g Linzer Gebäck (etwa $^{1}/_{7}$ Rezept):				
1 g	6 g	12 g	1	115

Apfeltaschen

Zutaten	
350 g Mehl	125 g Milch (1,5 % F.)
500 g Äpfel mit Schale	
	60 g Ei
25 g Hefe	50 g Wasser
$^{1}/_{2}$ TL Diabetikerzucker	Mark von $^{1}/_{4}$ Vanilleschote
50 g Margarine	flüssiger Süßstoff
	Salz

Die Hefe und den Diabetikerzucker mit einem Teil der angewärmten Milch verrühren und an einer warmen Stelle 10 Minuten gehen lassen.
Die restliche Milch mit der Margarine erwärmen, mit dem Hefeansatz verrühren, das Mehl daraufsieben und zusammen mit dem Ei und dem Wasser zu einem Teig verarbeiten. Süßstoff, Vanillemark und Salz dazugeben.
Den Teig gut durchkneten, in 14 gleichmäßige Portionen teilen und handflächengroße Stücke formen.
Die Äpfel schälen, in dünne Scheiben schneiden und gleichmäßig auf die 14 Teigstücke verteilen. Die Teigflächen zu Taschen zusammenklappen, den Rand festdrücken und bei 200° C etwa 20 Minuten backen.

Das ganze Rezept: Foto S. 194/195

Eiweiß	Fett	KH	BE	kcal
55 g	54 g	332 g	28	2 125
1 Apfeltasche gleich $^{1}/_{14}$ Rezept:				
4 g	4 g	24 g	2	150

Konfitüren

Auch bei Diabetikern ist die Begeisterung sehr groß, wenn es darum geht, Marmeladen, Konfitüren und Gelees selbst herzustellen. Wenn Sie im Sommer das Angebot der frischen Früchte ausnutzen, so können Sie sich damit einen großen Vorrat selbstgekochter Konfitüren herstellen. Bedenken Sie dabei, daß mit Süßstoff gesüßte Konfitüren eine kürzere Haltbarkeit haben als Konfitüren mit Diabetikerzucker. Sie können häufiger die Konfitürensorte wechseln, wenn Sie die Konfitüre nach dem Kochen in möglichst kleine Gläser abfüllen.

1 Portion	g KH	BE	kcal	Seite
20 g Apfelgelee	12	1	45	217
20 g Apfel-Tomaten-Gelee	12	1	55	221
25 g Bananen-Grapefruit-Konfitüre	12	1	55	220
25 g Birnen-Ingwer-Konfitüre	12	1	55	218
25 g Erdbeerkonfitüre	2	—	10	217
25 g Erdbeerkonfitüre „Hausfrauenart"	12	1	55	220
25 g Erdbeer-Johannisbeer-Konfitüre	2	—	10	220
20 g Erdbeer-Rhabarber-Konfitüre	12	1	45	221

1 Portion	g KH	BE	kcal	Seite
25 g Erdbeer-Stachelbeer-Konfitüre	12	1	55	218
25 g Johannisbeerkonfitüre	12	1	50	217
20 g Kirschen-Aprikosen-Konfitüre	12	1	45	217
20 g Kirschkonfitüre „Schwarzwälder Art"	12	1	55	218
20 g Kiwi-Stachelbeer-Konfitüre	12	1	50	218
25 g Maracuja-Orangengelee	2	—	10	220
20 g Orangenmarmelade	12	1	50	217

Apfelgelee

Zutaten	
150 g Apfelsaft ohne Zuckerzusatz	155 g Gelier-Fruchtzucker

Den Saft mit dem Gelier-Fruchtzucker verrühren, erhitzen und 3 Minuten durchkochen.
Sofort in die ausgespülten Gläser füllen und mit Einmachhaut oder Twist-Off-Deckeln verschließen.

Gargewicht: etwa 290 g
1 Portion (20 g) enthält 12 g KH (1 BE) und 45 kcal.

Kirschen-Aprikosen-Konfitüre

Zutaten	
110 g Aprikosen	180 g Gelier-Sorbit
80 g Süßkirschen	
	15 g Wasser

Die Aprikosen und die Kirschen ganz fein schneiden.

Das Obst mit dem Gelier-Sorbit vermischen, das Wasser hinzufügen und 4 Minuten durchkochen lassen.
Sofort in die ausgespülten Gläser füllen und mit Einmachhaut oder Twist-Off-Deckeln verschließen.

Gargewicht: etwa 360 g
1 Portion (20 g) enthält 12 g KH (1 BE) und 45 kcal.

Im Uhrzeigersinn, oben Mitte beginnend: Orangenmarmelade, Apfelgelee, Erdbeerkonfitüre „Hausfrauenart", in der Zubereitung und fertig (Rezept S. 220), Kirschen-Aprikosen-Konfitüre.

Erdbeerkonfitüre

Zutaten	
480 g Erdbeeren	1/2 TL Citropekt® oder reine Zitronensäure
190 g Wasser	
13 g Opekta 2:1®	
	10 g flüssiger Süßstoff

Die Erdbeeren halbieren und in dem Wasser etwa 10 Minuten kochen lassen.
Das Opekta und Citropekt unter die heißen Erdbeeren rühren, mit dem Süßstoff abschmecken und kurz aufkochen lassen.
Sofort in die ausgespülten Gläser füllen und mit Einmachhaut oder Twist-Off-Deckeln verschließen.
Die Gläser mit der Konfitüre im Kühlschrank aufbewahren. Kurze Haltbarkeitsdauer (1—2 Monate)!

Gargewicht: etwa 530 g
1 Portion (25 g) enthält 2 g KH, 10 kcal und ist ohne BE-Anrechnung.

Orangenmarmelade

Zutaten	
150 g Orangenfilets	110 g frisch gepreßter Orangensaft
240 g Gelier-Fruchtzucker	

Die Orangenfilets in dem Orangensaft aufkochen, den Gelier-Fruchtzucker darunterrühren und 3 Minuten aufwallen lassen.
Sofort in die ausgespülten Gläser füllen und mit Einmachhaut oder Twist-Off-Deckeln verschließen.

Gargewicht: etwa 450 g
1 Portion (20 g) enthält 12 g KH (1 BE) und 50 kcal.

Johannisbeerkonfitüre

Zutaten	
375 g rote Johannisbeeren	375 g Gelier-Fruchtzucker
	50 g Wasser

Die Johannisbeeren mit dem Wasser kurz aufkochen. Den Gelier-Fruchtzucker hinzufügen und 3 Minuten durchkochen lassen.
Sofort in die ausgespülten Gläser füllen und mit Einmachhaut oder Twist-Off-Deckeln verschließen.

Gargewicht: etwa 750 g
1 Portion (25 g) enthält 12 g KH (1 BE) und 50 kcal.

Birnen-Ingwer-Konfitüre

Zutaten	
300 g Birnen mit Schale	13 g Opekta 2:1®
	15 g Zitronensaft
265 g Fruchtzucker	1/2 Ingwerwurzel

Die Ingwerwurzel feinschneiden, die Birnen schälen, entkernen und pürieren (Birnenpüree: 285 g).
Das Birnenpüree mit dem Fruchtzucker verrühren und 2—3 Stunden Saft ziehen lassen.
Das Opekta, den Zitronensaft und die Ingwerwurzel hineinrühren und alles etwa 1 Minute durchkochen.
Sofort in die ausgespülten Gläser füllen und mit Einmachhaut oder Twist-Off-Deckeln verschließen.

Gargewicht: etwa 570 g
1 Portion (25 g) enthält 12 g KH (1 BE) und 55 kcal.

Erdbeer-Stachelbeer-Konfitüre

Zutaten	
160 g Erdbeeren	265 g Gelier-Sorbit
135 g Stachelbeeren	
	30 g Wasser

Die Stachelbeeren und die Erdbeeren halbieren. Die Stachelbeeren in dem Wasser in einem geschlossenen Topf garen. Die Erdbeeren und das Gelier-Sorbit hinzufügen, erhitzen und 4 Minuten sprudelnd kochen lassen.
Sofort in die ausgespülten Gläser füllen und mit Einmachhaut oder Twist-Off-Deckeln verschließen.
Gargewicht: etwa 570 g
1 Portion (25 g) enthält 12 g KH (1 BE) und 55 kcal.

Kirschkonfitüre „Schwarzwälder Art“

Zutaten	
560 g Süßkirschen	5 g Citropekt® oder reine Zitronensäure
750 g Fruchtzucker	
40 g Opekta 2000®	40 g Kirschwasser
	15 g Wasser

Die Kirschen halbieren und in dem Wasser etwa 10 Minuten kochen.
Den Fruchtzucker hinzufügen und aufkochen lassen.
Das Opekta und Citropekt darunterrühren und 1/2 Minute aufwallen lassen.
Die Konfitüre mit dem Kirschwasser abschmecken.
Sofort in die ausgespülten Gläser füllen und mit Einmachhaut oder Twist-Off-Deckeln verschließen.

Gargewicht: etwa 1250 g
1 Portion (20 g) enthält 12 g KH (1 BE) und 55 kcal.

Kiwi-Stachelbeer-Konfitüre

Zutaten	
130 g Kiwis	20 g Opekta 2000®
135 g Stachelbeeren	1/2 TL Citropekt® oder reine Zitronensäure
240 g Fruchtzucker	
	20 g Wasser

Die Kiwis schälen und in Scheiben schneiden, die Stachelbeeren halbieren.
Die Stachelbeeren in dem Wasser etwa 5 Minuten garen.
Die Kiwischeiben hinzufügen und zusammen mit dem Fruchtzucker und Citropekt verrühren und aufkochen.
In die kochende Masse das Opekta einrühren und 1 Minute durchkochen lassen.
Sofort in die ausgespülten Gläser füllen und mit Einmachhaut oder Twist-Off-Deckeln verschließen.

Gargewicht: etwa 420 g
1 Portion (20 g) enthält 12 g KH (1 BE) und 50 kcal.

Im Uhrzeigersinn, oben Mitte beginnend: Kirschkonfitüre „Schwarzwälder Art“, Birnen-Ingwer-Konfitüre, Kiwi-Stachelbeer-Konfitüre, Maracuja-Orangengelee (Rezept S. 220), Erdbeer-Stachelbeer-Konfitüre.

Kiwi-
Stachel-
beere
Orangen
Gelee

Erdbeer-Johannisbeer-Konfitüre

Zutaten	
160 g Erdbeeren	10 g flüssiger Süßstoff
125 g rote Johannisbeeren	175 g Wasser
13 g Opekta 2:1®	
1/2 TL Citropekt® oder reine Zitronensäure	

Die Johannisbeeren in 2/3 Tasse Wasser etwa 10 Minuten kochen. Die Erdbeeren und 1/2 Tasse Wasser hinzufügen und weitere 5 Minuten kochen.
Das Opekta und Citropekt unter die Fruchtmasse rühren, mit dem Süßstoff süßen und kurz aufkochen.
Sofort in die ausgespülten Gläser füllen und mit Einmachhaut oder Twist-Off-Deckeln verschließen.
Die Gläser mit der Konfitüre im Kühlschrank aufbewahren. Kurze Haltbarkeitsdauer (1—2 Monate)!

Gargewicht: etwa 330 g
1 Portion (25 g) enthält 2 g KH, 10 kcal und ist ohne BE-Anrechnung.

Erdbeerkonfitüre „Hausfrauenart“

Foto S. 216

Zutaten	
240 g Erdbeeren	240 g Gelier-Fruchtzucker
50 g Wasser	

Die Erdbeeren halbieren und mit dem Gelier-Fruchtzucker vermischen, das Wasser hinzufügen, aufkochen und 3 Minuten weiterkochen lassen.
Sofort in die ausgespülten Gläser füllen und mit Einmachhaut oder mit Twist-Off-Deckeln verschließen.

Gargewicht: etwa 470 g
1 Portion (25 g) enthält 12 g KH (1 BE) und 55 kcal.

Maracuja-Orangengelee

Foto S. 219

Zutaten	
400 g kalorienreduzierter Obstsaft Maracuja (diätetisches Lebensmittel)	25 g Opekta 2:1®
	1/2 TL Citropekt® oder reine Zitronensäure
220 g Orangensaft ohne Zuckerzusatz	5 g flüssiger Süßstoff

Den Maracuja- und Orangensaft mischen, das Opekta und Citropekt darunterrühren und mit dem Süßstoff süßen. Unter Rühren erhitzen und kurz durchkochen lassen.
Sofort in die ausgespülten Gläser füllen und mit Einmachhaut oder Twist-Off-Deckeln verschließen.
Die Gläser mit dem Gelee im Kühlschrank aufbewahren. Kurze Haltbarkeitsdauer (1—2 Monate)!

Gargewicht: etwa 640 g
1 Portion (25 g) enthält 2 g KH, 10 kcal und ist ohne BE-Anrechnung.

Bananen-Grapefruit-Konfitüre

Zutaten	
250 g Bananen	300 g Fruchtzucker
240 g Grapefruitsaft ohne Zuckerzusatz	13 g Opekta 2:1®
	1/2 TL Citropekt® oder reine Zitronensäure
50 g trockener Weißwein	5 g flüssiger Süßstoff

Die Bananen in Scheiben schneiden. Den Grapefruitsaft und den Weißwein über die Bananenscheiben gießen und zusammen mit dem Fruchtzucker vermischen. Das Opekta und Citropekt dazugeben und gut verrühren, aufkochen lassen.
Nach Geschmack mit dem Süßstoff süßen.
Sofort in die ausgespülten Gläser füllen und mit Einmachhaut oder Twist-Off-Deckeln verschließen.

Gargewicht: etwa 750 g
1 Portion (25 g) enthält 12 g KH (1 BE) und 55 kcal.

Erdbeer-Rhabarber-Konfitüre

Zutaten	
160 g Rhabarber	1/2 TL Citropekt® oder reine Zitronensäure
160 g Erdbeeren	
320 g Fruchtzucker	15 g Wasser
35 g Opekta 2000®	

Den Rhabarber in feine Stücke schneiden, die Erdbeeren halbieren. Den Rhabarber in dem Wasser 5 Minuten dünsten. Die Erdbeeren und den Fruchtzucker hinzufügen und zum Kochen bringen.
Das Opekta und Citropekt darunterrühren und kräftig durchkochen lassen.
Sofort in die ausgespülten Gläser füllen und mit Einmachhaut oder Twist-Off-Deckeln verschließen.

Gargewicht: etwa 590 g
1 Portion (20 g) enthält 12 g KH (1 BE) und 45 kcal.

Apfel-Tomaten-Gelee

Zutaten	
300 g Apfelsaft ohne Zuckerzusatz	500 g Gelier-Sorbit
	Mark von 1 Vanilleschote
150 g Tomatensaft	

Den Apfelsaft und den Tomatensaft mit dem Gelier-Sorbit verrühren und mit dem Vanillemark abschmecken. Aufkochen und 4 Minuten lang aufwallen lassen. Sofort in die ausgespülten Gläser füllen und mit Einmachhaut oder Twist-Off-Deckeln verschließen.

Gargewicht: etwa 900 g
1 Portion (20 g) enthält 12 g KH (1 BE) und 55 kcal.

Rezeptverzeichnis

Abkürzungsverzeichnis

BE	Broteinheit
Bl.	Blatt
E.	Eiweiß
EL	Eßlöffel
F.	Fett
F.i.Tr.	Fett in der Trockenmasse
g	Gramm
getr.	getrocknet
gr.	groß
kcal	Kalorien (exakt: Kilokalorien)
KH	Kohlenhydrate
kl.	klein
ML	Meßlöffel
Msp.	Messerspitze
Pers.	Person/Personen
St.	Stück
TL	Teelöffel